한국사 뛰어넘기 1

열다 지식을 열면, 지혜가 열립니다. 나만의 책을, 열다.

한국사 뛰어넘기 1
선사 시대부터 삼국 통일까지

초판 1쇄 발행 2017년 10월 31일
초판 9쇄 발행 2023년 9월 4일

글 이정화 | 그림 정은희·정은하

ⓒ이정화 2017

ISBN 979-11-88283-14-9 (74910)
ISBN 979-11-960102-3-2 (세트)

* 저작권법에 의하여 한국 내에서 보호를 받는 저작물이므로 무단 전재와 무단 복제를 금합니다.
* 책값은 뒤표지에 있습니다.
* 잘못 만들어진 책은 구입하신 곳에서 바꾸어 드립니다.

발행처 주식회사 스푼북 | 발행인 박상희 | 총괄 김남원
출판신고 2016년 11월 15일 제2017-000267호 | 주소 (03993) 서울시 마포구 월드컵북로6길 88-7 ky21빌딩 2층
전화 02-6357-0050(편집) 02-6357-0051(마케팅) | 팩스 02-6357-0052 | 전자우편 book@spoonbook.co.kr

열다 는 스푼북의 어린이책 브랜드입니다.

| 제품명 한국사 뛰어넘기 1 | 제조자명 주식회사 스푼북 | 제조국명 대한민국
전화번호 02-6357-0050 주소 (03993) 서울시 마포구 월드컵북로6길 88-7 ky21빌딩 2층
제조년월 2023년 9월 4일 | 사용연령 12세 이상
※ KC마크는 이 제품이 공통안전기준에 적합하였음을 의미합니다. | ⚠ 주 의
아이들이 모서리에 다치지 않게 주의하세요.

1

선사 시대부터 삼국 통일까지

한국사 뛰어넘기

글 이정화 · 그림 정은희 정인하

열다

머리말

선사 시대부터 신라가 삼국을 통일하기까지 한반도 땅에는 어떤 일이 있었을까?

　우리나라 역사가 5천 년이나 된다는 거 알고 있니? 물론 한반도 땅에 사람이 처음 살았던 선사 시대까지 따지면, 자그마치 70만 년이나 되지. 구석기 시대 사람들은 동굴에서 비바람을 피하고 사냥과 채집으로 먹을거리를 해결하며 아주 오랜 세월을 보냈어. 그러다 약 1만 년 전부터 한곳에 정착해 농사를 짓는 신석기 시대를 열었지.

　드디어 기원전 2333년, 청동기 시대가 시작될 무렵 우리 역사 속 첫 나라인 고조선이 세워졌어. 곰에서 사람이 된 웅녀와 하늘에서 내려온 환웅이 결혼하여 낳은 아이, 즉 단군이 세운 나라였지. 앞으로 우리는 고조선을 비롯해 고대 왕국들의 신화를 살펴보며 나라를 세웠던 사람들의 마음과 그들이 어떻게 살았는지를 알아볼 거야. 무척 흥미로우니까 기대해 보렴.

　고조선 이후 우리 역사는 작은 나라들이 연합한 연맹 왕국의 시대로 이어졌어. 여러 사람이 모이면 그 중에 힘센 사람이 있듯이 나라들 사이에서도 마찬가지였어. 연맹 왕국 가운데 고구려, 백제, 신라가 눈에 띄게 성장한 거야. 이 세 나라는 삼국 시대를 열며 치열하게 경쟁을 벌였단다.

　이런 삼국 시대는 약 700년 동안 계속되다가 신라가 두 나라를 무너뜨리고 통일하면서 막을 내렸어. 드디어 한반도의 사람들이 한 나라, 한 민족이 된 거야. 이렇게 1권에는 지배자도 없고 나라도 없었던 아득한 구석기 시대부터 신라가 삼국을 통일하기까지의 역사가 담겨 있단다.

　얼마 전에 선생님과 한국사 수업을 함께한 친구들이 이런 말을 했어.

　"선사 시대 사람들은 우리보다 머리가 나쁠 거라고 생각했는데, 그건 아닌 것 같아요. 그땐 컴퓨터나 기계도 없었는데, 필요한 걸 직접 다 만들어 썼잖아요. 정말 놀라워요!"

　이렇게 어렵고 복잡할 것만 같은 역사도 마음을 열고 보면 쉽고 재미있단다. 뭐든지 알고 나면 다르게 보이거든! 친구들아, 이제 마음을 활짝 열고 한국사의 첫 단추를 제대로 끼워 보는 게 어때?

이정화

차례

❶ 구석기 시대 사람들은 왜 옮겨 다니며 살았을까? · 08
집중 탐구 뗀석기의 모든 것

❷ 신석기 시대 사람들이 한곳에 정착하다 · 22
박물관 탐방 바위에 마음을 담아 그리다

❸ 청동 도구를 가진 지배자가 등장하다 · 34
만화로 보는 유래 이야기 돌 시대, 청동 시대!

❹ 우리 역사 속 첫 나라, 고조선은 어떤 나라였을까? · 46
타임머신 타고 과거로! 고조선의 의식주

❺ 연맹 왕국이 한반도의 철기 시대를 열다 · 60
축제 안내 정보 하늘이시여, 감사하나이다!

❻ 고구려, 백제, 신라, 가야가 한반도에 자리 잡다 · 72
답사 여행 고구려, 백제, 신라의 성 쌓기

❼ 엎치락뒤치락 세 나라의 전성기가 이어지다 · 86
만화로 보는 유적 이야기 광개토 대왕릉비를 찾아서

❽ 삼국 시대 사람들은 어떻게 살았을까? · 100
그것도 알고 싶다 일본으로 건너간 삼국의 문화

❾ 신라가 한반도를 통일하다 · 116
인물 사전 삼국 시대의 마지막을 장식한 인물들

약 70만 년 전
한반도에 인류가 살기 시작하다

기원전 8000년경
농사를 짓기 시작하다

기원전 2333년
단군왕검, 고조선 건국

기원전 2000년경
청동기 문화가 시작되다

기원전 400년경
철기 문화가 퍼지다

기원전 57년~기원후 42년
신라, 고구려, 백제, 금관가야의 건국

391년
광개토 대왕 즉위

구석기 시대 사람들은 왜 옮겨 다니며 살았을까?

①

우리 땅에서 사람이 살기 시작한 건 자그마치 70만 년 전부터야. 물론 세계에 첫 인류가 등장한 건 그보다 훨씬 더 오래전인 약 390만 년 전이지. 사람들은 상상하기도 어려운 옛날부터 지구에 살면서 인류의 발자취를 이어 왔어. 지금부터 한반도에서 살았던 첫 번째 사람들의 이야기를 살펴보려고 해. 지금 우리와는 많이 다른 모습이겠지만, 우리의 조상님이라고 생각하니 가슴이 두근거리는걸. 그럼 설레는 마음을 안고 구석기 시대로 출발해 볼까?

528년
신라의 불교 수용

676년
신라의 삼국 통일

약하지만 남다른 포유류의 등장

 약 390만 년 전에 처음 등장한 인류는 지금의 우리와는 모습이 많이 달랐어. 원숭이나 침팬지에 가까운 모양새였지. 그랬던 인류가 여러 단계에 걸쳐 모습이 진화하면서 지금의 우리처럼 변한 거란다.

 사람을 '만물의 영장'이라고들 말해. 다른 동물과는 비교할 수 없을 만큼 특별한 능력을 가진 우두머리라는 뜻이지. 그런데 수백만 년 전 사람들은 꿈에도 그런 생각을 할 수 없었어. 그때 인간은 너무나 약했거든. 쌍코뿔이나 털코끼리처럼 덩치가 크지도 않았을 뿐더러 힘도 약했지. 원숭이처럼 나무를 재빠르게 오르내리는 민첩함도 없었던 데다 하다못해 튼튼한 이빨이나 날카로운 발톱조차 없었어. 그러니 인간은 맹수가 나타나면 사냥은커녕 도망치거나 숨기에 바빴어.

 이처럼 포유류 중에서도 약한 편에 속했던 인간이 만물의 영장이 되다니, 도대체 인간에게 무슨 일이

> **포유류와 유인원**
> 포유류는 척추동물 가운데 새끼에게 어미가 젖을 먹여 키우는 동물들을 가리켜. 유인원은 민꼬리원숭이라고도 하는데, 우리에게 익숙한 유인원에는 침팬지, 오랑우탄, 고릴라 들이 있어.

일어난 걸까?

　변화는 사람이 두 발로 서면서 시작되었어. 개나 고양이가 날아가는 파리를 잡으려고 앞발을 휘두르며 뒷발로 서는 모습을 본 적이 있니? 아마 사람도 처음에는 그랬을 거야. 높은 가지에 달린 열매를 따려고 두 발에 힘을 주고 서기 시작했겠지. 그러다 어느 날부터 앞발로 나무를 잡고 서서 주변을 살피게 된 거야.

　'곰이 이쪽으로 오네. 도망가야겠다. 어! 그러고 보니 네 발로 걸을 때는 수풀밖에 안 보였는데 서니까 다 보이네!'

　두 발을 딛고 일어서 보니 사는 것이 훨씬 더 편해졌어. 더 멀리 더 높이 볼 수 있으니 맹수를 피하는 일도, 열매를 찾는 일도 전보다 수월해졌지.

　그런데 정말 중요한 변화는 그다음에 나타났어. 일어서고 보니 앞발, 그러니까 두 손이 자유로워졌지 뭐야! 게다가 사람의 두 손은 원숭이 같은 유인원의 손과는 생김새부터가 달랐어. 원숭이는 엄지손가락이 작은 반면, 사람은 엄지손가락이 크고 기능이 발달했거든. 엄지손가락으로 다른 손가락과 맞잡아 물건을 집거나 나사를 돌릴 수 있지.

이제 사람은 동물과 다른 방식으로 살기 시작했어. 별거 아닌 듯한 사소한 변화가 엄청난 차이를 가져온 거야.

자유로운 두 손으로 처음 만든 도구, 뗀석기

사람들은 두 발로 걸으면서 손이 자유로워지자, 도구를 만들기 시작했어. 물론 원숭이도 막대기 같은 도구는 쓸 줄 알아. 고양이는 유연한 앞발을 도구처럼 사용하기도 하지. 하지만 짐승들은 직접 도구를 만들어 쓰지는 못해. 그게 사람과 다른 차이점이지.

사람이 도구를 만들어 쓰기 시작한 것은 약 250만 년 전부터야. 그러니까 140만 년 정도는 두 발로 서고 손을 쓰기는 했지만, 도구를 만들 줄은 몰랐던 거지. 그들은 주변에 있는 돌을 이용해서 도구를 만들었어. 동물을 사냥할 때 쓰는 사냥돌 정도는 크기에 맞는 돌을 주워 그냥 사용했을 거야. 하지만 대개는 돌을 깨뜨려 필요한 크기와 모양에 맞게 만들었단다. 이렇게 큰 돌에서 떼어 내 만든 도구를 '뗀석기'라고 불러.

뗀석기를 사용하던 사람들은 시간이 흘러 더 정교한 도구를 만

임진강 일대에서 발굴된 주먹도끼야.

손에 꼭 맞는 주먹도끼 하나면 못 할 것이 없을 정도로 주먹도끼는 구석기 시대의 만능 도구로 쓰였어.

들 수 있게 되었어. 돌을 예리하게 갈아서 쓰기 편하도록 만든 거지. '간석기'라고 부르는 이 도구는 그렇게 탄생했어. 뗀석기를 사용한 시기를 구석기 시대라 하고, 간석기를 사용한 시기를 신석기 시대라 한단다. 구석기 시대는 약 1만 년 전까지 계속되었어.

불을 사용하며 진정한 인간으로 거듭나다

최초의 인류가 두 발로 서고 도구를 만들어 사용하는 동안 시간이 아주 많이 흘렀어. 200만 년이 훌쩍 지났지. 그 오랜 시간 동안 사람들은 무리지어 살면서 사냥한 고기를 날로 씹어 먹고 나무에 매달린 열매나 연한 풀잎을 따 먹으며 살았어. 살아가는 방식이 동물과 크게 다르지 않았지.

물론 슴베찌르개나 주먹도끼 같은 도구를 만들어 사냥을 하고, 두 발로 걸어 다니며 먹을거리를 구하는 점이나 풀잎 또는 동물의 털가죽으로 엉성하게나마 옷을 만들어 입는 점은 분명 동물과 달랐어. 하지만 어둡고 추운 밤이 되면 다른 동물들처럼 꼼짝없이 동굴 안에서 갇혀 지내야 했지. 그렇게 동물과 비슷하던 사람들의 생활을 완전히 바꿔 놓은 건 바로, 불이었어.

처음 불을 본 사람들은 동물들이 그랬던 것처럼 두려움을 느꼈어. 우르릉 쾅쾅! 천둥 번개 소리에 놀라 동굴 안에 숨어 있다 보면 어디선가 불길이 치솟았지. 벼락을 맞은 나무가 불에 타면서 숲에 불이 옮겨붙은 거야. 겁에 질려 오들오들 떨다가 잠잠해져서 나오면 불에 타 죽은 동물들이 여기저기 흩어져 있었어.

한 아이가 새까맣게 탄 곰의 배를 꾹 찔러 봤지. 말랑말랑해진 고기 속으로 손가락이 쑥 들어갔어. 낯설지만 맛있는 냄새가 솔솔 풍겨 나와 저절로 입안에 침이 고였지. 아이는 참을 수 없어 고기를 한 점 떼어 입에 넣었어.
"와! 몇 번 씹지도 않았는데 고기가 벌써 넘어갔어!"

아이는 허겁지겁 고기를 뜯어 먹으면서 사람들을 불러 모았어. 모여든 사람들도 하나둘 고기를 맛보기 시작했지. 고기는 정말 눈이 튀어나올 정도로 맛이 있었어. 게다가 부드러워서 어린아이나 이가 약한 노인들도 씹기 쉬웠지. 소화도 잘되는지 배 속도 편안했어.

그 후 천둥 번개가 칠 때면 사람들은 주위를 유심히 살폈어. 불이 어디에서 나는지 눈을 크게 뜨고 찾았지. 알고 보니 불은 고기를 익히는 데 말고도 쓸 데가 엄청 많았어. 불 옆에 있으면 춥지 않았고 사나운 동물들이 다가오지도 않았어. 그때부터 불은 사람에게 없어서는 안 될 소중한 존재가 됐어. 약 140만~150만 년 전에 일어난 일이야.

자연에서 얻은 먹을거리와 잠자리

두 발로 서서 도구를 만들고 불까지 이용하게 되었지만, 구석기 시대 사람들의 생활은 여전히 고달팠어. 먹을거리를 구하기가 쉽지 않았거든. 사냥에 성공하는 건 어쩌다 한 번 있는 기적 같은 일이었어.

그래서 동물을 직접 사냥하기보다 맹수들이 잡아먹고 남긴 고기를 찾으러 다니는 경우가 더 많았어. 그런 고기라도 얻는 날이면 잔칫날이었지. 하지만 그런 날은 많지 않았어. 보통은 나무 열매, 식물의 뿌리, 물속에 사는 가재나 조개 등 먹을 수 있는 것이 다 싶으면 무조건 따고 캐고 잡아 먹으며 하루를 보냈지. 이런 채집 생활을 하는 동안 사람들은 모험심을 발휘하여 새로운 지식을 얻어 나갔어.

"처음 보는 열매인데, 색깔이 예쁜 게 맛있을 것 같아. 한번 먹어 보자."

"조금만 먹어. 지난번에도 낯선 열매를 먹고서 죽을 뻔했잖아!"

사람들은 그때 일을 생각하면서 손톱만큼만 잘라 먹었지. 하지만 금세 배 속이 부글거려 먹은 걸 모두 토해 내고 말았어. 사람들이 먹은 건 독버섯이었거든. 고생은 했지만 덕분에 그 열매는 먹으면 안 된다는 새로운 지식을 얻게 되었어. 이처럼 사람들은 목숨을 건 실험을 하면서 먹을거리를 찾아 이리저리 옮겨 다녔지.

한곳에서 살면 편할 텐데 왜 자꾸 이동을 했냐고? 그건 그들이 먹을거리를 자연에서 구했기 때문이지. 한곳에서 머물며 열매를 따고 동물을 사냥하다 보면, 어느 순간 주변에 먹을거리가 다 떨어지는 때가 왔어.

"이제 여기를 떠나야겠어. 언제 출발하는 게 좋을까?"

"아기가 태어날 날이 머지않은 것 같은데 어쩌지요?"

그들은 고민 끝에 하루빨리 더 나은 곳을 찾아 나서기로 했지. 운 좋게도 며칠 걷지 않아 달고 맛난 열매가 잔뜩 열린 숲을 발견했어. 가까운 곳에 넓은 동굴도 있었지. 그들은 기쁜 마음으로 새로운 보금자리에 자리를 잡았어. 사냥까지 성공한 덕분에 고기를 먹은 엄마는 건강한 아기를 낳을 수 있었단다.

이처럼 먹을거리를 찾아 이동하며 살아가는 구석기 사람들의 집은 동굴이나 커다란 바위 아래였어. 언제 옮겨 갈지 모르니까 힘들여서 짓기보단 자연에서 찾은 거지. 특히 동굴은 위험한 동물로부터 사람들을 지켜 주고, 비나 눈을 피할 수 있어 아늑한 잠자리가 되었어.

그렇게 먹을거리를 찾아 이동하는 생활은 어땠을까? 자유롭고 재미있었을 거라고 생각하는 친구들도 있겠지. 그런 날도 가끔 있었겠지만 구석기 시대 사람들의 하루하루는 대부분 위태로웠어. 맹수를 상대하기에 그들이 가진 도구는 너무 약했거든.

그래서 구석기 시대 사람들은 다 함께 힘을 모아 사냥하고 먹을거리를 구했어. 먹을거리를 구하는 일이 너무 어려웠기 때문에 한 사람이라도 손을 보태야 했지.

그리고 구한 음식은 다 같이 동굴에 모여 나눠 먹었어. '내 것, 네 것'을 따지느라 나눠 먹지 않으면 누군가는 굶어 죽을 수도 있었어. 그러다 보면 결국 무리 전체가 살아남기 힘들 수도 있어서 나눠 먹을 수밖에 없었단다.

한반도의 구석기 유적지

한반도 땅에 등장한 사람들

한반도 땅에 사람들이 처음 들어온 건 70만 년 전쯤이야. 그들은 어디서 어떻게 오게 된 것일까?

약 390만 년 전에 나타난 인류의 조상이 처음 살았던 곳은 아프리카였어. 오랜 세월이 흘러 숫자가 늘어나면서 그들은 이동 범위를 점점 넓혀 갔지. 아프리카에서 출발하여 북쪽, 그러니까 지금의 유럽으로 간 무리도 있고, 동쪽으로 방향을 튼 무리도 있었지. 물론 아프리카에서 계속 산 사람들도 있었어.

좀 더 멀리 가기로 결심한 무리는 사방으로 옮겨 갔어. 비행기나 자동차는 물론이고 자전거도 없었으니 뚜벅뚜벅 두 발로 걸어갈 수밖에 없었지. 동쪽으로 가던 무리는 사막도 건너고 넓디넓은 초원에서 머물기도 하면서 계속해서 이동했어. 마침내 그렇게 이동하던 무리 중 일부가 한반도에 도착했지.

"난 여기가 썩 마음에 드는데, 다들 어때?"

"나도 좋아. 아직 자리 잡은 사람이 없는 것 같으니 우리가 차지하자!"

무리가 더 커지면서 남쪽으로 내려갔다가 지금의 일본 땅까지 오가며 사는 사람들도 생겼지. 그때는 한반도와 일본 땅이 육지로 연결되어 있었거든. 한참 세월이 지나 신석기 시대 즈음에야 바다가 두 땅을 갈라놓았단다.

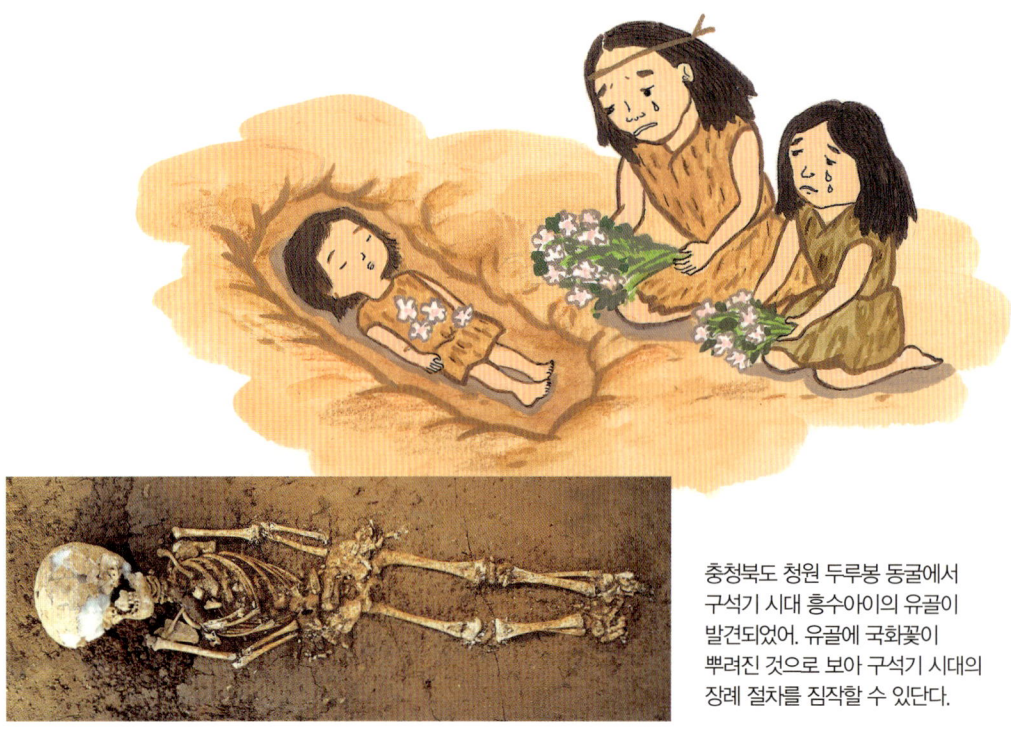

충청북도 청원 두루봉 동굴에서 구석기 시대 흥수아이의 유골이 발견되었어. 유골에 국화꽃이 뿌려진 것으로 보아 구석기 시대의 장례 절차를 짐작할 수 있단다.

이렇게 약 70만 년 전에 시작된 한반도의 구석기 시대는 1만 년 전까지 계속 이어졌어. 그 사이 사람들은 불을 사용하고, 여러 가지 뗀석기를 만들어 사용하면서 조금씩 더 나은 날들을 만들어 갔지.

남쪽의 원숭이부터 호모 사피엔스까지

인간은 아프리카 땅에서 처음 출연한 이후 약 400만 년 가까이 이동 생활을 하며 살았어. 그 과정에서 전 세계 곳곳으로 퍼져 나갔고 한반도에도 들어와 살게 되었지. 그래서 구석기 사람들을 동양인, 서양인, 아시아인, 아프리카인으로 구분해서 부르는 것은 쓸데없는 일이야. '남쪽의 원숭이'에서 지금의 우리가 되기까지 인류가 어떻게 진화하였는지 알아보자.

오스트랄로피테쿠스

← 나는 남쪽의 원숭이로 불리는 오스트랄로피테쿠스야. 유인원에서 사람으로 진화하는 길목에 들어선 첫 번째 인류가 바로 나지. 일어서서 걷기 시작했어.

→ 나는 호모 에렉투스라고 불러. 불을 이용하기 시작한 사람이 바로 우리야. 집을 만들어 살고, 다양한 종류의 석기도 만들 줄 알았어. 언어도 사용하기 시작했단다.

호모 에렉투스

호모 네안데르탈렌시스

← 나는 호모 네안데르탈렌시스라고 해. 우리는 무리를 지어 사냥할 줄 알았고, 죽은 사람을 매장하는 풍습도 있었어.

→ 나는 현대 인류인 너희들의 조상인 호모 사피엔스란다. 두뇌 용량도 신체적 특징도 너희와 비슷하지. 동굴 벽화를 제작하고, 다양한 석기를 사용했어.

호모 사피엔스

집중 탐구

뗀석기의 모든 것

'뗀석기'는 '돌을 떼어 내서 만든 도구'라는 뜻이야. 모양이 단순해 보이지만, 여러 가지 방법을 이용해 만들었단다. 지금 우리가 사용하는 도구와는 좀 다르지만, 도구별로 이름도 붙여 주었지. 어떻게 만들고 이름을 붙였는지 함께 알아볼까?

주먹도끼

다양한 뗀석기

뗀석기에는 저마다 쓰임새에 어울리는 이름이 있어. 주먹도끼는 구석기 시대의 대표적인 도구야. 거의 만능에 가까운 도구라고 할 수 있지. 찍는 날과 자르는 날을 이용해 사냥도 하고 고기도 자를 수 있어. 땅을 팔 수도 있지. 긁개는 주로 짐승의 가죽을 벗기는 데 사용했어. 이름처럼 무언가를 긁어내는 데 썼지. 밀개는 짐승의 뼈를 깎아 낼 때나 나무껍질을 벗겨 낼 때 사용했던 도구야. 슴베찌르개는 긴 막대에 끼워 넣어 창처럼 찌르는 도구로 동물을 사냥할 때 사용했어.

긁개

밀개

슴베찌르개

20

뗀석기는 어떻게 만들었을까?

뗀석기를 만드는 방법에는 돌로 직접 내리쳐서 떼어 내는 직접떼기와 돌을 쥐고 땅 위에 있는 큰 돌에 내리쳐 떼어 내는 모루떼기, 뼈나 뿔을 이용하여 떼어 내는 간접떼기, 뾰족한 뿔 도구로 돌감을 세밀하게 잔손질하는 눌러떼기가 있어. 어때, 생각보다 다양한 방법이 있지?

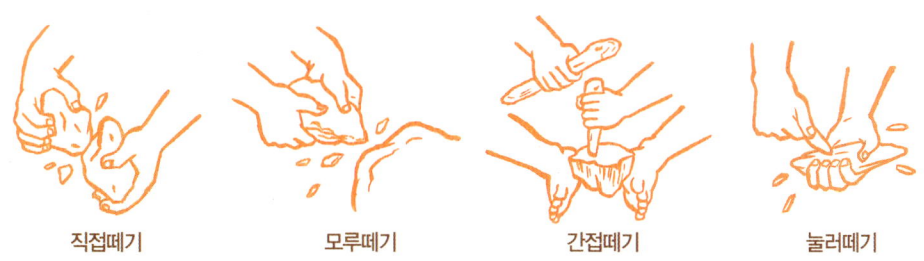

직접떼기 　 모루떼기 　 간접떼기 　 눌러떼기

뗀석기는 어떻게 변했을까?

구석기 시대에 사용하던 도구를 한데 묶어서 뗀석기라고 불러. 하지만 수백만 년에 걸쳐 구석기 시대가 흐르는 동안 뗀석기의 모양도 조금씩 변해 갔어. 사람들이 힘은 덜 들이면서 더 효과적으로 도구를 쓸 수 있도록 고민에 고민을 거듭하며 발달시켰던 거야.

약 70만 년 전
한반도에 인류가 살기 시작하다

**기원전 8000년경
농사를 짓기 시작하다**

기원전 2333년
단군왕검, 고조선 건국

기원전 2000년경
청동기 문화가 시작되다

기원전 400년경
철기 문화가 퍼지다

기원전 57년~기원후 42년
신라, 고구려, 백제, 금관가야의 건국

391년
광개토 대왕 즉위

2 신석기 시대 사람들이 한곳에 정착하다

지금으로부터 약 1만 년 전, 추운 날씨가 이어지던 빙하기가 끝나고 날씨가 점점 따뜻해지기 시작했어. 육지를 덮은 단단한 얼음이 녹아서 바다가 되기도 하고 섬도 생겼지. 따뜻한 날씨 덕분에 사람들의 생활도 크게 달라졌어. 수백만 년 동안 계속됐던 구석기 시대를 지나 새로운 시대인 신석기 시대로 접어든 거야. 구석기 시대와 얼마나 달라졌을지 눈을 크게 뜨고 출발해 보자!

528년
신라의 불교 수용

676년
신라의 삼국 통일

한반도에 신석기 시대 사람들이 정착하다

 기나긴 구석기 시대 동안 한반도와 일본 땅에 살던 사람들은 양쪽을 오갈 수 있었어. 지금과 달리 두 땅이 연결되어 있었기 때문이지. 그런데 기온이 올라가면서 육지를 덮은 얼음이 녹아내려 낮은 지대에 물이 들어차기 시작했어.

 "무릎 높이였던 물이 허벅지까지 올라왔어. 이게 어찌 된 일이지?"

 "물살도 세졌어. 이제 함부로 들어왔다간 큰일 나겠어."

 바닷물은 점점 깊어지더니 부산 땅과 일본의 규슈 지역이 어느 틈엔가 바닷물로 가로막히고 말았어. 빙하가 녹으면서 이 땅이 아시아 대륙의 동북쪽 끝, 한반도가 된 거야. 일본 땅은 섬이 죽 늘어선 모양이 되었어. 그때부터는 양쪽을 오가려면 배가 필요했지. 지금으로부터 약 1만 년 전에 일어난 변화였어.

 날씨가 따뜻해지고 기온이 올라가면서 땅과 바다의 모습만 바뀐 것이 아니야. 추울 때는 볼 수 없었던 식물들이 쑥쑥 자라기 시작했지. 채집할 수 있는 열매며 풀이 더 많아졌어.

따뜻한 날씨 덕분에 동물 세상에도 변화가 일어났어. 사슴, 늑대, 야생 돼지 같이 덩치가 작은 동물들이 나타나기 시작한 거야. 사람들 입장에서는 고마운 일이었지. 작은 동물은 덩치 큰 동물보다 사냥하기가 훨씬 수월했으니까.

물이 불어나자 강과 바다에도 생물들이 넘쳐났어. 붕어, 메기, 미꾸라지, 도미, 삼치를 비롯해 굴, 전복, 소라 등 셀 수 없을 만큼 종류가 다양해졌지. 사람들이 배불리 잡아먹어도 물속에는 여전히 많은 물고기들이 헤엄쳐 다녔어.

사람들은 점차 강이나 바닷가에 자리를 잡고 살기 시작했어. 이제 사람들은 사냥을 하러 나가기보다 물고기를 잡는 때가 많아졌어. 사냥은 위험한 데다 여럿이 힘을 합쳐도 성공할까 말까인데, 물고기잡이는 크게 위험하지도 않고 쉬웠거든. 사람들은 얕은 강에서 작살을 찔러 고기를 잡거나 배를 타고 바다로 나가기 시작했어.

바다에서 고래도 잡았다는 사실을 알려 주는 그림이 있단다. 울산시 울주군에 있는 반구대라는 커다란 바위에 새겨진 그림이 바로 그 증거야. 반구대 암각화에는 수십 마리의 고래는 물론이고 사슴, 멧돼지,

지도만 봐도 신석기 시대 사람들이 강이나 바다 근처에서 살았다는 걸 알 수 있군!

한반도의 신석기 유적지

암각화
이런 바위그림들은 신석기 말에서 청동기로 넘어가는 시기에 많이 그려진 것으로 알려져 있어. 그 후에도 사람들이 계속 덧붙여 그리는 바람에 바위그림의 정확한 시기를 확인하기는 어렵단다.

거북을 비롯해 고래를 잡는 배와 사람들의 모습이 그려져 있어.

이제 사람들은 다른 곳으로 이동할 필요가 없어졌어. 그동안은 먹을거리를 구하려고 옮겨 다닌 건데, 이제는 가까운 곳에서 구할 수 있었으니 말이야. 사람들이 정착해 살면서 먹고 남은 조개껍데기며 고기 뼈 등을 한곳에 버리다 보니 쓰레기가 작은 언덕처럼 쌓였어. 조개껍데기가 대부분이라 그 쓰레기 더미를 '조개무지'라고 부르지. 조개무지는 당시 사람들이 어떻게 살았는지 우리에게 알려 주는 귀중한 자료란다.

더 이상 옮겨 다니지 않고 정착해 살게 되었다는 것은 굉장한 사건이란다. 사람을 안정된 상태에서 살게 해 주기 때문이야. 언제 이사를 가야 할지 모른 채 하루하루를 보낸다면 공부도 잘 안 되고 친구를 사귀기도 어려운 것처럼 말이야.

농사지은 먹을거리와 직접 지은 움집

사람들이 해를 넘기며 정착 생활을 하다 보니 이동하며 살 때는 몰랐던 사실들을 하나둘 알아낼 수 있었어. 그 중에서 가장 큰 일은 '농사짓기'였지. 너무 큰 변화라서 '신석기 혁명'이라 불릴 정도란다. 농사는 이렇게 시작됐을지도 몰라.

"아버지, 이게 뭐예요?"

"글쎄다. 웬 풀이지? 전에는 아무것도 없던 땅이었는데……."

아이의 아버지는 그 풀이 어디서 온 것인지 몇 날 며칠을 궁금해하면서 살펴봤어. 그러다 결국 알아냈지. 얼마 전에 아이들이 나무 열매를 먹고 누가 멀리 보내는지 장난을 칠 때 뱉어 버린 씨앗에서 싹이 튼 거였어.

그때부터 사람들은 여러 가지 씨를 땅에 심어 봤지. 어떤 씨는 며칠이면 싹이 텄고 어떤 씨는 끝내 싹이 트지 않았어. 그러면서 씨를 심으면 싹이 나오고 좀 더 지나면 처음에 심은 것보다 훨씬 많은 열매가 달린다는 사실을 알아냈지. 처음에는 조와 피, 수수 같은 잡곡을 농사지었어.

그렇다고 사람들이 그동안 살아오던 방식을 완전히 버린 것은 아니야. 농사를 지어 곡식을 수확하려면 오랜 시간이 걸리니까 채집과 고기잡이, 사냥 등 여러 방법을 동원해 먹을거리를 구하며 살았지.

사람들은 농사 덕분에 완전하게 한곳에 뿌리내리게 되었어. 먹을거리를 직접 생산할 수 있으니까 떠날 이유가 없어진 거야. 더구나 씨를 뿌려서 거둘 때까지 물도 주고 잡초도 뽑고 정성스레 돌봐야 하니 떠나고 싶어도 참아야 했지.

그래서 사람들은 제대로 된 집인 움집도 지었어. 우리가 보기에는 시시해 보일지 모르지만, 동굴이나 대충 짚을 얹어 만든 막집에 비하면 움집은 제대로 된 집이었지.

"바닥을 깊게 파야 해. 그래야 덜 춥고 더 시원하게 지낼 수 있어."

"단단한 나무로 기둥을 세우면, 안에서 움직이기도 편하고 움집이 무너지지도 않을 거야."

"나무 위에는 짚이나 풀을 얹으면 되겠어. 추울 때는 동물 가죽도 덮고."

바닥 가운데에는 불을 피울 수 있는 화덕을 만들었어. 불을 피워 음식도 만

빗살무늬 토기

가락바퀴

들고, 집 안도 따뜻하게 할 수 있으니까.

다 지어진 움집을 살펴볼까? 한 칸으로 이루어진 집 안 한복판에는 돌로 가장자리를 빙 두른 화덕이 있어. 입구 옆에는 작살, 돌도끼, 돌괭이, 돌창, 활과 화살같이 밖에서 사용하는 도구를 모아 두었지. 그러고 보니 구석기 시대에 비해 도구가 다양해졌구나! 뿐만 아니라 간석기는 뗀석기보다 훨씬 부드럽고 모양이 정교했어. 사용하기에도 좀 더 편리했고 말이야.

그런데 돌도끼가 놓인 벽 쪽에 처음 보는 물건이 놓여 있네. 그건 바로 토기란다. 사람들은 정착 생활을 하면서 흙으로 토기를 만들어 사용하기 시작했

몇 가지 뗀석기밖에 없었던 구석기 시대에 비해 신석기 시대에는 이름과 모양이 다양한 도구들이 많이 생겨났어. 농사용 도구, 고기잡이용 도구, 옷을 만드는 도구에다 몸을 꾸미는 장신구까지 만들어졌지.

돌화살촉

돌도끼

그물추

어. 흙으로 모양을 빚어 불에 구워 만든 토기는 불 위에 올려도 멀쩡했어. 물을 부어도 새지 않았지. 덕분에 고기나 해산물을 끓여 먹고 조와 수수를 쪄 먹을 수 있었어. 갈판에 갈아서 가루로 만든 잡곡을 다른 재료와 섞어 죽을 끓일 수도 있었지. 이처럼 신석기 시대에는 음식의 재료뿐만 아니라, 요리 방법까지 훨씬 다양해졌단다.

구석기 시대 사람들이 무리지어 한 동굴에 모여 살았다면, 신석기 시대 사람들은 어떻게 살았을까? 그들이 모여서 살았던 것은 맞아. 하지만 형태는 조금 달랐어. 네다섯 명으로 이루어진 가족끼리 한 움집에서 살았거든. 씨족 관계로 뭉친 여러 가족이 한 마을을 이루었지. 마을 사람들은 함께 힘을 모아 농사도 짓고 여러 가지 도구로 사냥도 했어.

정착 생활 덕분에 일어난 또 다른 변화는 목축을 시작했다는 거야. 사람들은 사냥한 동물을 바로 죽이지 않고 울타리를 만들어 가둬 기르고 필요할 때 잡아먹었어. 동물을 길들여서 짐을 운반하는 데 쓰거나 사냥에 이용하기도 했지. 사람들이 처음 기른 동물은 개였어. 개는 사람 말을 잘 듣고 발이 빨라 사냥감을 찾고 추격하는 데 큰 도움이 됐어. 이후에는 돼지도 기르기 시작했지. 농사를 짓는 데 귀하게 쓰였던 소를 기른 건 좀 더 시간이 지난 뒤의 일이야.

실로 옷을 지어 입고 장신구로 몸을 꾸미다

옷차림도 구석기 시대와는 완전히 달라졌어. 신석기 시대에는 실과 옷감을 만들 수 있었거든. 칡, 마, 삼 등 식물에서 실을 뽑아내고, 동물의 털을 길게 이어 실을 만들었어. 가락바퀴를 이용해 실을 길게 꼬아 이었지. 그 실로 옷감을 짠 다음, 동물 뼈로 만든 바늘로 원하는 모양의 옷을 만들었어. 개성에 따라 다양한 옷차림을 할 수 있게 된 거야.

팔찌, 목걸이, 발찌 등으로 몸을 장식하기도 했어. 조개껍데기에 구멍을 뚫어 만들거나 동물의 송곳니로 만든 장신구가 많았는데, 여자뿐만 아니라 남자도 사용했지. 이런 장신구들은 몸을 치장하는 데 쓰이기도 했지만, 행운을 비는 부적의 의미로 쓰이기도 했어. 신석기 시대는 구석기 시대와 비교할 때 그 이름만큼이나 완전히 새로운 세상임에 틀림없지? 그렇다면 신석기 시대 다음에 이어지는 청동기 시대에도 깜짝 놀랄 일들이 일어나겠지? 기대되는걸!

비슷한 의미를 담은 인물상

신석기 시대에 만들어진 인물상은 여자의 몸을 대상으로 한 것이 많아. 사람들은 여인상을 만들며 다산과 풍요를 기원했어. 여자가 아이를 낳아 키운다는 의미에서 풍요와 다산, 번영을 상징한다고 본 거야. 교류도 없이 멀리 떨어져 살던 사람들이 같은 대상에 같은 마음을 담아 표현했다니 참 신기하지?

터키 차탈 휘위크에서 발견된 여신상

울산시 서생면 신암리에서 출토된 여인상

박물관 탐방

바위에 마음을 담아 그리다

사람들이 바위에 새겨 놓은 그림을 '바위그림' 또는 '암각화'라고 해.
신석기 시대 사람들은 어떤 마음을 바위에 새겨 놓은 걸까?
기록으로 남은 것이 없어서 그 뜻을 정확히 알 수는 없지만,
학자들은 그림에 따라 담긴 뜻이 다를 거라고 짐작한단다.

> 샘, 저 동그라미 그림은 해를 그린 거 같아요. 나도 저렇게 그리거든요.

노스 암각화

리틀 페트로글리프 암각화

미국

신석기 사람들이 남긴 암각화

암각화에 동물이나 사람을 그린 것은 사냥이나 고기잡이가 잘되길 바라는 마음을 담은 것이라고 본다. 하지만 도형이나 기하학적인 무늬는 뜻을 짐작하기 어렵다. 신석기 시대 사람들은 신이 하늘에 있다고 믿으며 하늘을 두려워했다. 그래서 무슨 일이든 하늘에 맡기고 빌었다. 특이한 모양의 그림에는 신을 향한 사람들의 마음이 담겨 있었을 것이다.

약 70만 년 전
한반도에 인류가 살기 시작하다

기원전 8000년경
농사를 짓기 시작하다

기원전 2333년
단군왕검, 고조선 건국

**기원전 2000년경
청동기 문화가 시작되다**

기원전 400년경
철기 문화가 퍼지다

기원전 57년~기원후 42년
신라, 고구려, 백제, 금관가야의 건국

391년
광개토 대왕 즉위

③ 청동 도구를 가진 지배자가 등장하다

신석기 시대 사람들은 용도에 따라 다양한 도구를 만들어 썼어.
간석기는 시간이 지날수록 더 날카로워지고 정교해졌어. 그러다 세상을 뒤엎을
새로운 도구가 등장했어. 구리와 주석을 합쳐 '청동기'를 만들기 시작한 거지.
부족끼리 모여 살던 세상에서 지배자가 등장해 나라를 세우기까지
청동기 시대에 어떤 변화가 일어났는지 차근차근 알아보자꾸나!

528년
신라의 불교 수용

676년
신라의 삼국 통일

넉넉해진 먹을거리가 싸움의 불씨가 되다

세 사람이 앉아 있는 자리에 과자가 세 개 있다고 생각해 보자. 누군가 욕심을 부리거나 사이가 나쁜 사람들이라면 다툴 수도 있지만, 웬만하면 한 개씩 나눠 먹을 거야. 그런데 과자가 일곱 개쯤 된다면 어떨까? 혹은 모인 사람 가운데 그 과자를 엄청 좋아하는 사람이 있다든가 두 끼쯤 굶은 사람이 있다면 어쩌지?

신석기에서 청동기로 넘어갈 무렵이 그런 상황이었어. 농사 기술이 점점 발달하면서 이전과는 비교가 안 될 정도로 곡식 생산량이 늘고 먹을거리가 늘었지. 하지만 사람마다 가지고 있는 토지나 도구의 상태, 얼마나 열심히 일하는지, 일할 사람이 많은지 등 형편에 따라 거두어들이는 곡식의 양이 달랐어.

반달 돌칼 곡식의 이삭을 하나씩 따는 데 사용한 도구야.

"우리 땅은 농사가 잘 안 돼. 강 옆에 있는 땅

은 기름지고 좋던데!"

"가진 것이 많다면 더 큰 집을 지을 수 있을 텐데! 부자가 될 방법이 없을까?"

저마다 처한 환경에 따라 이런저런 욕심이 생겨났어. 그러다 보니 사람들 사이에 다툼이 많아졌지. 먹을거리를 얻기가 힘들어 배는 고팠지만 평등하게 살던 예전과는 전혀 다른 세상이 된 거야. 이웃 마을의 땅이나 곡식을 빼앗아서라도 욕심을 채우려는 사람들이 점점 늘어갔어.

"소문 들었어? 언덕 너머에 있는 마을이 공격당했대. 번쩍번쩍한 칼을 든 사람들이 쳐들어와서 마을 사람들이 반이나 노예가 됐다지 뭐야."

간돌칼과 청동검

"끔찍한 일이네. 우리 마을은 별일 없을까? 어르신께 가서 의논해 보세."

사람들이 마을의 가장 큰 어른 댁으로 우르르 몰려갔어. 하얗게 머리가 셀 정도로 나이도 많고 생각이 깊어 사람들의 존경을 받는 분이었지.

낯선 무기를 가진 무서운 사람들

마침 어르신 댁에는 얼마 전에 공격당했다는 마을의 사람이 도망쳐 와 있었어. 팔을 다쳤는지 천을 둘둘 감은 채 움직이지 않도록 목에 맨 끈에 팔을 걸고 있었지. 남자는 일어나 마을 사람들을 향해 꾸벅 인사했어.

"우리 마을에 쳐들어온 사람들이 들었던 칼은 난생처음 보는 거였어요. 우리가 가진 돌칼이나 돌창은 상대도 안 됐지요. 날카로운 데다 번쩍거리니 더

겁이 나더라고요. 이제 이 마을도 안심할 수 없어요. 대책을 세워야 합니다."

이웃 마을 남자의 말에 여기저기서 한숨 소리가 흘러나왔어. 무섭다는 그 무기를 상대할 방법이 쉽게 떠오르지 않았기 때문이야.

마땅한 해결책을 찾지 못한 채 회의가 끝났어. 그래도 적의 공격을 막을 준비는 해야 했지. 마을 사람들은 울타리를 튼튼하게 세웠어. 적들이 넘어오기 어렵도록 울타리 바깥에 땅을 깊이 파 물을 채우기도 했지. 울타리 밖으로 나갈 때는 여럿이 함께 다녔어. 손에는 항상 돌도끼며 돌창을 들고 있었지. 남자들은 순서를 정해 울타리를 돌아보며 주위에 낯선 사람이 없는지 살폈어.

이런 위기를 이겨 내고 마을을 지키려면 다 같이 힘을 모아야 하지. 우왕좌왕하지 않고 적을 물리치기 위해서는 앞에서 지휘하는 사람의 능력이 특히 중요했어. 신석기 시대에서 청동기 시대로 넘어가는 동안 전쟁을 자주 겪다 보니 부족 사람들의 존경을 받는 지도자의 힘은 자연스레 커졌어.

사람들은 마을을 지키려 애쓰는 한편 낯선 사람들이 가지고 있다는 무기가 무엇인지 알아내려고 애썼

부족
같은 조상의 후손들이 모여 공통된 언어와 종교 등을 갖는 지역 공동체를 말해. 그러니까 친족이나 씨족보다는 더 커진 범위라고 이해하면 돼.

어. 그것은 바로 청동으로 만든 칼이나 창이었지. 낯선 사람들은 새로운 무기를 어떻게 만들어 낸 것일까?

구리와 주석으로 만든 신기한 도구

사람들이 가장 먼저 사용한 금속은 구리였어. 구리는 물러서 원하는 모양으로 만들기가 쉬웠거든. 하지만 단단하지 않아서 무기로는 쓸 수가 없었지. 방법이 없을까 고민하고 있을 때, 누군가가 우연히 구리에 주석 또는 아연을 섞으면 단단해진다는 사실을 알아냈어. 그렇게 만들어진 금속이 '청동'이야. 청동을 더 하얗게 만들거나 덜 반짝거리게 하려면 주석을 얼마 만큼 넣어야 하는지도 알게 되면서 사람들은 다양한 색깔과 모양의 청동 도구를 만들 수 있게 되었어.

한반도와 만주 지방에서 청동 도구를 만들어 쓰기 시작한 건 기원전 2000년경에서 기원전 1500년경이야. 이 무렵부터 한반도의 청동기 시대가 열린 거지.

청동은 무기를 만드는 데 먼저 사용되었어. 전쟁에서 이기고 영토를 넓히는 것이 그만큼 중요한 일이었으니까. 하지만 누구나 청동 무기를 가질 수는 없었어. 만드는 비용이 너무 많이 들었거든. 청동을 만들 줄 아는 사람이 귀해서 장인들의 요구 사항도 많았지.

"청동 무기가 단숨에 뚝딱 만들어지는 게 아닙니다요. 우선 구리와 주석이나 아연이 들어 있는 돌을 구해 와야 합니다. 다음에는 돌을 녹여서 금속이 밖으로 흘러나오게 해야 하지요. 돌이나 흙으로 거푸집도 만들어야 하고요. 식혀서 다듬기까지 오래 걸리는 데다 혼자 힘으로는 결코 해낼 수 없지요. 무엇보다 그 일을 할 동안 우리 가족이 먹고사는 것도 해결해 주셔야 합니다."

이런 상황이다 보니 재산이 많은 부자나 큰 권력을 가진 사람만이 청동 무기를 가질 수 있었어. 당시에 청동 무기를 지닌 사람은 힘이 있는 지배자였어. 지배자는 청동 거울을 가슴에 매달아 자신의 권위를 드러냈지.

만약 청동 무기로 무장한 사람들이 쳐들어왔다면, 돌칼과 돌창밖에 없는 사람들은 덤벼 볼 엄두도 못 냈을 거야. 무기부터 상대가 안 됐으니까 말이야. 이

청동검을 만드는 순서

❶ 청동검을 만들려면 우선 부드러운 돌을 깎아서 원하는 칼 모양의 거푸집을 만들어야 해.

❷ 돌에서 구리를 찾아 녹인 뒤 정확한 양의 주석을 구리 용액에 섞은 다음 다시 녹여.

❸ 녹인 용액을 거푸집에 붓지.

❹ 식을 때까지 기다렸다가 거푸집을 떼어 낸 뒤에는 숫돌에 갈아서 다듬으면 완성!

청동칼 거푸집

처럼 청동 무기를 갖추고 약한 마을을 공격하여 승리한 부족은 그 세력을 점점 넓혀 나갔어. 그러면서 강한 부족은 땅을 넓히고 곡식과 노예를 불려 나갔지.

그런데 농사짓는 데도 청동 도구가 사용됐을까? 왠지 청동 농기구 덕분에 농사도 더 잘 됐을 것 같지 않니? 하지만 실제로는 청동으로 농기구나 생활 도구는 거의 만들지 않았어. 앞에서 얘기했듯이 귀한 청동으로 농기구까지 만들 수는 없었던 거야. 수천 년이 흘러 철을 사용하게 될 때까지 농기구는 돌이나 나무로 만들었어. 청동으로는 검, 창 같은 무기나 방울, 거울과 같이 제사를 지낼 때 필요한 도구, 단추와 가락지 같은 장신구를 주로 만들었지. 이는 대부분 지배자가 사용했어.

비파형 동검
중국의 악기인 비파와 모양이 비슷해서 비파형 동검이라고 불러.

세형동검
한국식 동검이라고도 하는데, 비파형 동검에 비해 몸통이 날렵하지.

하늘과 통하는 지배자가 나라를 다스리다

신석기 시대에서 청동기 시대로 넘어오는 동안 쉴 새 없이 벌어지는 전쟁 속에서 어떤 부족은 계속 승리하여 더욱 강해졌어. 패배한 부족은 승리한 부족 쪽으로 합쳐졌지. 전쟁 포로들은 승리한 부족의 노비가 되었어. 그러면서 세상은 권력을 가진 지배자, 농사를 지으며 지배자에게 세금을 내는 일반 백성, 전쟁 포로로 끌려왔거나 큰 죄를 지어 노비가 된 사람들로 신분이 나뉘었지.

두 부족이 하나로 합쳐지는 것은 말처럼 쉬운 일이 아니었어. 서로 살아온 방식도 다른 데다 대부분 죽고 죽이는 전쟁을 겪은 다음 합쳐지는 상황이었으니까. 이럴 때 새로운 지배자는 자신이 특별한 존재라는 사실을 드러내 사람들의 믿음을 얻어야 했어.

"모두 나를 따르시오. 나는 하늘의 명을 받고 내려온 하느님의 자손이오. 하늘과 인간 세상을 연결하고 이 세상을 잘 다스릴 수 있는 사람은 바로 나요."

"하늘의 자손이면 날씨도 잘 다스릴까? 농사가 잘되려면 날씨가 가장 중요하잖아."

"가슴이 번쩍거리는 것 좀 봐! 진짜 저 사람이 하늘의 자손인가?"

사람들은 새로운 지배자의 말을 다 믿을 수는 없었지만, 걱정 없이 살게만 해 준다면 아무래도 상관없다고 생각했어. 새로운 지배자는 신에게 제사를 올

고인돌은 크기뿐만 아니라 모양도 다양해. 고인돌은 지배자의 무덤이야.

리는 제사장이자 정치적인 왕이 되어 사람들을 다스렸지. 이러한 지배자가 죽으면 부족 사람들이 동원되어 특별한 무덤을 만들었어. 그 무덤은 받침돌이 덮개돌을 고인 모양이어서 '고인돌'이라는 이름이 붙었지.

고인돌은 지배자의 힘을 드러내려고 만든 거야. 그러니까 규모가 큰 고인돌일수록 더 강한 부족장의 무덤이겠지. 지금까지 남아 있는 고인돌 중 규모가 큰 것은 덮개돌 무게만 수십 톤이 넘는단다. 그 정도 무게면 고인돌을 만들 때, 500명도 넘는 성인 남자가 동원되었을 거야. 즉 그 얘기는 고인돌 주인이 수천 명이나 되는 부족을 다스릴 정도로 힘이 센 지배자였다는 뜻이지.

고인돌은 고조선 시대의 유물이라고 알려져 있어. 우리나라 역사에서 최초로 등장한 나라가 고조선이란다. 고조선이 어떤 나라였는지에 대해서는 다음 장에서 알아보자꾸나.

세계 고대 문명의 발생

기원전 4천~3천 년에 청동기 시대가 시작되면서 곳곳에서 국가가 형성되어 나름의 문명을 이루어 살기 시작했어.

메소포타미아 문명, 이집트 문명, 인더스 문명, 중국 문명을 4대 고대 문명이라고 해. 고대 문명의 발상지는 공통적으로 큰 강을 끼고 있어 교통이 편리하고, 농사에 필요한 물을 끌어 쓰기 쉬운 지역이야. 덕분에 농업 생산력이 증가하면서 빈부의 차이와 신분 제도가 나타나고, 국가도 세워졌지.

만화로 보는 유래 이야기

약 70만 년 전
한반도에 인류가 살기 시작하다

기원전 8000년경
농사를 짓기 시작하다

기원전 2333년
단군왕검, 고조선 건국

기원전 2000년경
청동기 문화가 시작되다

기원전 400년경
철기 문화가 퍼지다

기원전 57년~기원후 42년
신라, 고구려, 백제, 금관가야의 건국

391년
광개토 대왕 즉위

우리 역사 속 첫 나라, 고조선은 어떤 나라였을까?

④

기원전 2333년, 드디어 우리 역사 속에서 처음 만나게 되는 나라인 고조선이 세워졌어. 개천절도 이때를 기념하여 만든 거야. 먼저 하늘의 아들인 환웅이 인간 세상으로 내려와 사람들을 다스리고 여러 부족을 합쳐 나라를 세울 기반을 다졌어. 환웅의 아들 단군이 그 뜻을 이어받아 고조선을 세웠지. 고조선은 오랫동안 역사를 이어 갔어. 청동기 문화가 발달한 토대 위에 철기를 받아들여 더욱 강한 나라가 되었던 고조선이 어떤 나라였는지, 그 나라 사람들은 어떻게 살았는지 알아보러 떠나 볼까?

528년
신라의 불교 수용

676년
신라의 삼국 통일

고조선의 건국 과정이 담긴 단군 신화

하늘나라를 다스리는 환인에게는 환웅이라는 아들이 있었어. 환웅은 인간 세상으로 내려가고 싶어 했지. 사람들을 더 잘 살게 도와주고 싶었거든. 환인은 환웅의 소원을 들어주기로 했지.

환웅은 하느님의 아들이라는 사실을 증명하는 천부인 세 개를 받아 인간 세상으로 내려왔어. 바람, 비, 구름을 다스리는 신하와 3천 명이나 되는 무리가 환웅을 따라왔지. 환웅은 태백산 꼭대기에 있는 신단수 아래 터를 잡았어. 그곳에서 사람들에게 농사짓는 법, 병 고치는 법 등을 가르쳐 주고 인간 세상에서 일어나는 수백 가지 일을 다스렸지.

그러던 어느 날, 곰과 호랑이가 환웅을 찾아와 무릎을 꿇고 소원을 빌었어.

"저희도 사람이 되어 환웅님 밑에서 살게 해 주세요! 사람만 될 수 있다면 무슨 일이든 하겠습니다."

"그렇다면 방법을 알려 주마. 이 쑥과 마늘을 먹고 백 일 동안 어두운 동굴 속에서 지내 보아라. 잘 견디어 내면 반드시 사람이 될 것이다."

환웅의 말에 곰과 호랑이는 꼭 지키겠다는 결심을 다지며 동굴 속으로 들어갔어. 하지만 그 일은 생각처럼 쉽지가 않았어.

"나 같은 호랑이에게 고기를 먹지 말고 백 일을 버티라니 너무해! 아이고, 더는 못 참겠다!"

호랑이는 끝내 견디지 못하고 동굴에서 뛰쳐나갔어. 꾹 참은 곰은 21일 만에 여자가 되었지. '웅녀'라는 이름도 얻었어. 웅녀는 환웅과 결혼하여 아들을 낳았지. 그 아들은 어른이 되어 아사달에 조선을 세우고 단군왕검이 되었어. 그리고 1,500년 동안 나라를 다스리다가 산속으로 들어가 신선이 되었는데, 그때 단군의 나이가 무려 1,908세였단다. 이 이야기는 고조선의 건국 과정을 알려 주는 '단군 신화'인데, 《삼국유사》라는 역사책에 실려 있단다.

> **신화**
> 고대인의 생각이 반영된 신성한 이야기. 신화에는 신이나 영웅의 활약상, 민족의 아득한 옛 역사가 담겨 있단다.

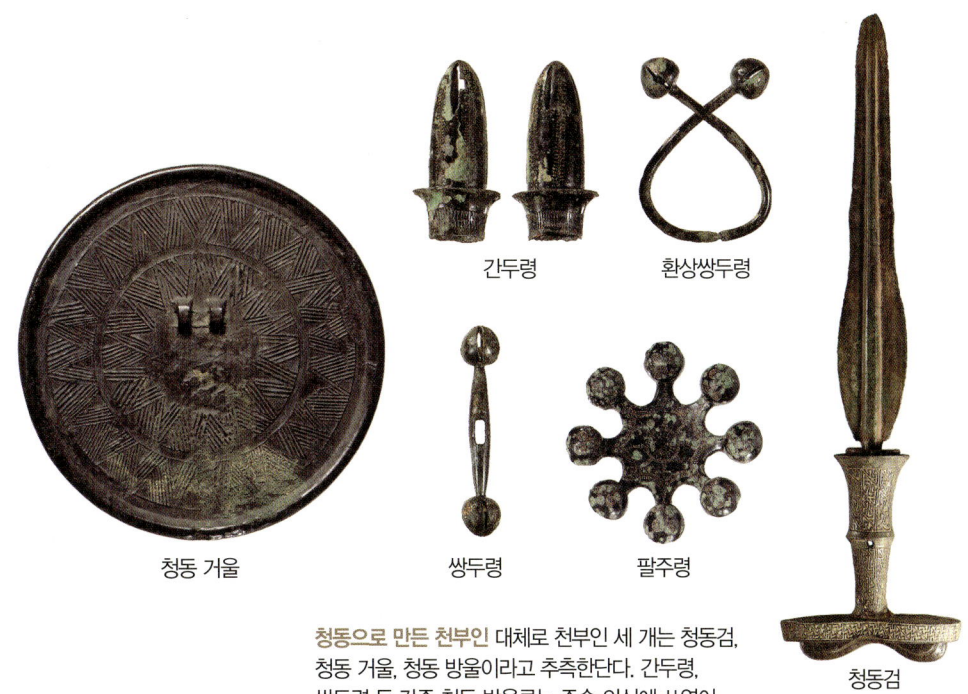

청동 거울 · 간두령 · 환상쌍두령 · 쌍두령 · 팔주령 · 청동검

청동으로 만든 천부인 대체로 천부인 세 개는 청동검, 청동 거울, 청동 방울이라고 추측한단다. 간두령, 쌍두령 등 각종 청동 방울류는 주술 의식에 쓰였어.

우리 역사 속 첫 나라의 원래 이름은 '조선'이었어. 하지만 책을 쓴 일연 스님은 단군왕검이 세운 조선을 위만이 다스린 조선과 구별하고자 한자 '옛 고(古)' 자를 붙여 '고조선'이라고 했지. 고려 이후 세워진 나라 이름도 조선이어서 단군이 세운 조선은 계속해서 '고조선'으로 불린단다.

> 《삼국유사》
> 고려 후기 충렬왕 때 일연 스님이 쓴 역사책이야. 신라, 고구려, 백제 삼국의 역사를 담고 있지. 현재 남아 있는 역사책 중에서 단군 신화가 실려 있는 가장 오래된 책이란다.

단군 신화가 알려 주는 역사적 사실

단군 신화를 읽고 나니 어떤 기분이 드니? "곰의 후손이라니 기분 나빠요.", "믿을 수 없는 내용이 너무 많아요!" 하는 대답이 들리는 듯하구나. 하지만 전해 오는 신화 속에서 우리는 그 당시에 관한 많은 정보를 알아낼 수 있단다.

환웅이 하느님의 아들이고 땅으로 내려왔다는 것은 환웅의 무리가 전부터 이웃에서 살았던 사람들이 아니라, 새로 등장한 부족이라는 것을 뜻하지. 새 부족은 청동 도구를 다룰 줄 아는 북쪽 사람이었을 거야. 아직 청동기를 모르는

우리 민족의 시조인 단군

우리 조상님 정말 멋지죠?

응! 이분이 한국인의 뿌리를 만드신 분이구나.

사람들에게 그들은 특별한 사람으로 보였겠지. 하느님의 아들이라고 말해도 될 만큼 말이야.

환웅이 다스렸다는 것은 사람들에게 여러 가지 앞선 기술을 가르쳤다는 뜻이야. 그런데 환웅은 왜 하필 바람, 비, 구름을 다스리는 신하를 데리고 온 것일까? 그건 당시에 농사가 그만큼 중요한 일이었다는 거야. 농사가 잘돼야 사람들이 잘 살 테고 그러자면 농사와 관련이 깊은 날씨를 잘 다스려야 훌륭한 지도자라고 인정받았던 거지.

곰과 호랑이는 왜 나온 걸까? 당시 사람들은 동식물이나 태양, 하늘과 같은 자연을 신으로 받들었어. 그러니까 곰과 호랑이는 곰을 따르는 부족과 호랑이를 따르는 부족이라는 뜻이야. 청동기 시대에는 전쟁이나 동맹으로 여러 부족이 합쳐지는 일이 많았어. 곰이 사람이 된 것은 곰을 따르는 부족이 하느님의 후손이라고 믿는 환웅 부족과 하나로 합쳐졌다는 뜻이야. 환웅과 웅녀의 결혼으로 말이지. 그 과정에서 호랑이 부족은 합쳐지지 못하고 떨어져 나간 것이겠지.

그렇게 세력이 커진 부족을 중심으로 단군왕검이 다스리는 조선이라는 나라가 세워졌어. '단군왕검'은 제사장을 뜻하는 '단군'과 지배자를 뜻하는 '왕검'이 합쳐진 말이야. 청동기 시대에는 지배자가 제사장의 역할도 했다는 것 기억나지? 고조선 역시 마찬가지였어. 그러니까 '단군왕검'은 한 사람의 이름이 아니라, 고조선을 다스린 지도자를 가리키는 거야. 결국 단군왕검이 다스린 고조선이 1,500년 동안 이어졌다는 뜻이지.

이제 단군 신화에 많은 뜻이 담겨 있다는 걸 알겠지! 앞으로 신화를 읽을 때에는 눈을 크게 뜨고 숨은 뜻을 찾아보자.

청동기 유적과 고조선의 문화 범위
고조선 사람들이 많이 사용한 비파형 동검과 미송리식 토기, 탁자식 고인돌의 분포 범위를 잘 살펴보면 고조선의 범위를 짐작해 볼 수 있단다.

중국에도 밀리지 않은 고조선

안타깝게도 고조선에 대해 우리가 알 수 있는 사실은 많지 않아. 도읍인 아사달이 어디인지, 영토는 어느 정도였는지, 사람들은 어떻게 살았는지 등 정확하게 알려진 것이 거의 없어. 우리의 기록이 없어서 중국 책에 나온 주변 나라에 대한 설명을 통해 고조선의 모습을 짐작해 보는 정도이지.

기원전 4세기에 중국 땅은 수많은 나라가 세워져 전쟁이 한창이었어. 그때 고조선 서쪽에는 연나라가 있었지. 한때는 고조선을 공격해 한반도 쪽으로 밀어낼 정도로 힘이 센 나라였어.

중국 땅에서 전쟁이 계속되자, 전쟁을 피해 고조선으로 넘어오는 중국 사람들이 많아졌어. 그들은 고조선 사람들에게 철을 다루는 기술을 가르쳐 주었어. 철은 단단하고 가벼운 데다 청동보다 구하기도 쉬워서 무기는 물론이고 농기구도 만들 수 있었지. 철기 기술과 문화를 받아들이면서 고조선은 더 강한 나라가 되었어.

그러는 사이 진나라의 시황제가 중국을 통일했다가 15년 만에 멸망하고, 뒤이어 한나라가 중국을 통일했지. 그때쯤 연나라 사람인 위만이 백성 1천여 명을 이끌고 고조선의 준왕을 찾아왔어.

"저와 함께 온 사람들을 고조선의 서쪽 땅에서 살게 해 주십시오. 허락해 주신다면 고조선으로 넘어오는 사람들을 감시하고 다스리겠습니다."

준왕은 공손하게 부탁하는 위만이 마음에 들었어. 서쪽 국경 지역을 지켜 주겠다는 제안에도 솔깃했지. 안 그래도 국경 지역에서 다른 부족과 마찰이 많아서 걱정하던 참이었거든. 한편으로는 위만의 무리가 가진 기술과 문화도 고조선에 도움이 될 것 같았어.

준왕은 위만에게 벼슬을 내리고 서쪽 땅을 주어 국경을 지키게 했지. 위만은 준왕의 믿음을 바탕으로 힘을 키워 나갔어. 덕분에 고조선의 세력도 더 커졌단다.

하지만 위만은 준왕의 믿음을 저버리고 말았어. 기원전 194년, 국경을 지키던 위만에게서 다급한 소식이 날아들었지.

"왕이시여, 한나라 군대가 사방에서 쳐들어와 어디를 막아야 할지 모를 지경입니다. 제가 군사를 이끌고 왕검성을 지킬 것이니 성문을 열어 주십시오."

이에 준왕이 명을 내렸어.

"위만이 오거든 성문을 열어 주어라!"

하지만 그것은 위만의 새빨간 거짓말이었어. 위만은 준왕을 내쫓고 왕이 되었지. 쫓겨난 준왕은 신하와 백성들을 이끌고 한강 남쪽으로 내려가 진국에서 세력을 키웠어. 위만은 나라 이름을 바꾸지 않고, 법과 제도도 그대로 따르며 고조선을 다스렸지. 강력한 철제 무기를 이용해 주변 지역을 정복하는 한편, 한나라와는 잘 지내려고 노력했어. 덕분에 고조선의 세력은 점점 커졌어.

고조선의 법은 엄격했는데, 여덟 개 조항 중에서 지금까지 전해지는 것은 세 개뿐이야.

쇠도끼　　　　호미　　　쇠가래

쇠낫　　　반달 모양 쇠칼　　　　쇠창

초기 철기 시대의 여러 가지 도구

사람을 죽인 자는 사형에 처한다.
남을 다치게 한 자는 곡식으로 갚아야 한다.
도둑질한 자는 노비로 삼으며, 용서를 받으려면 많은 돈을 내야 한다.

이 법을 보면 고조선이 생명을 귀히 여겼다는 것을 알 수 있어. 살인을 저지르거나 남을 다치게 한 사람에게 엄한 벌을 주었잖아. 하지만 그게 전부는 아니야. 당시는 사람의 힘으로만 농사를 짓고 일하던 시대였어. 그래서 일할 수 있는 '사람'은 소중한 노동력이었지. 그런 사람, 즉 노비와 재산을 많이 가진 사람은 부자이거나 신분이 높은 사람이었어. 도둑질한 사람은 가난하고 신분이 낮은 사람이었고. 그렇다 보니 도둑질을 하다가 붙잡히면 용서를 구할 돈을 낼 수 없어 노비가 되었지. 그러니까 고조선의 법은 가난하거나 약한 사람을 보호했다기보다는 부자나 권력자를 지켜 주기 위한 것이었다고 짐작할 수 있어.

내분이 불러온 고조선의 멸망

고조선은 점점 더 강해졌어. 위만의 손자인 우거왕 때는 남쪽의 나라들이 한나라와 직접 교역하는 것을 막고, 고조선을 통해서만 무역하도록 했지. 덕분에 고조선은 점점 더 부유한 나라가 되었어.

한나라 황제인 무제는 커져 가는 고조선을 그대로 두어서는 안 되겠다 싶었어. 무제는 사신을 보내 자신의 뜻을 전했어.

"이제부터 조선은 한나라를 섬겨야 할 것이다!"

하지만 그 뜻을 순순히 받아들일 고조선이 아니었지.

"우리는 그리할 생각이 없소. 가서 황제께 거절의 뜻을 전하시오!"

한나라로 돌아가던 사신 섭하는 배웅 나간 고조선의 관리를 죽여 버렸어. 그런데도 무제는 섭하를 벌하기는커녕 벼슬을 주어 요동 지방을 다스리게 했지. 화가 난 우거왕은 요동 지방을 공격하여 섭하를 죽였어. 무제는 기다렸다는 듯이 수군 7천 명과 육군 5만 명을 보내 고조선의 도읍인 왕검성을 공격했지. 첫 전투는 고조선의 승리였어.

그러자 한나라 군사들은 왕검성을 포위한 채 움직이지 않았어. 고조선은 성문을 닫아걸고 버텼어. 시간이 지나갈수록 한나라 군사는 지치고 사기가 떨어졌어. 하지만 성안의 고조선 사람들도 흔들리기는 마찬가지였지. 싸움을 그만두고 화해하자는 신하들의 의견에 우거왕은 반대했어.

그러자 백성을 이끌고 남쪽으로 내려가는 신하도 나왔지. 결국 전쟁을 끝

내고 싶은 사람들이 자객을 보내 왕을 죽이고 한나라에 항복했어. 이대로 왕검성이 무너지나 싶었지만, 대신 성기의 지휘 아래 싸움은 계속되었지.

하지만 성기도 한나라의 꾐에 빠진 사람들의 손에 목숨을 잃었어. 기원전 108년, 일 년에 걸친 전쟁 끝에 결국 고조선은 멸망하고 말았단다.

한나라는 낙랑, 진번, 임둔, 현도라는 네 개의 군을 두어 고조선을 다스리려고 했어. 하지만 고조선 백성들의 거센 저항에 밀려 낙랑군만 남기고 한반도 밖으로 쫓겨 갔단다.

끝까지 싸운 백성들처럼 왕과 신하들도 하나가 되었다면 어땠을까? 아쉽지만 우리 역사 속 첫 나라인 고조선은 이렇게 세워지고 번성하다가 멸망했어. 이제 한반도의 역사는 어떻게 될까?

중국이 혼란을 겪는 사이 고조선은 성장하다

고조선이 세력을 키워 가던 기원전 4세기 무렵, 중국은 춘추 전국 시대였어. 춘추 시대는 주나라 왕실의 힘이 약해진 가운데 제후들이 서로 세력을 다투던 시대였지. 특히 강했던 '제, 진, 초, 오, 월'의 다섯 제후국을 춘추 5패라고 불러.

그 후 주나라 천자(황제)에 대한 충성심마저 약해지면서 '진, 한, 제, 위, 조, 연, 초'라는 일곱 나라가 천하 통일을 목표로 끊임없이 전쟁을 일삼는 시대가 되었어. 이 나라들을 전국 7웅이라고 해. 이렇게 중국이 혼란스러운 덕분에 고조선은 한나라가 통일하기 전까지 중국과의 전쟁을 피한 채 힘을 키울 수 있었단다.

타임머신 타고 과거로!

고조선의 의식주

고조선 사람들은 어떤 옷을 입고, 어떤 음식을 먹고, 어떤 집에서 살았을까?
삼에서 뽑은 실로 만든 삼베옷에 마른풀로 삼은 짚신을 신고 다니면
더운 날엔 시원해도 비라도 오는 날이면 불편했겠지.
고조선 사람들이 어떻게 살았는지 구경해 볼까?

주(住)

집을 만들 땐 땅을 약간 파고 굵은 나무로 기둥을 세운 다음, 서까래를 올리고 짚으로 지붕을 덮었어. 난방을 위해 집 한쪽에는 쪽구들을 놓았어. 추울 때 쪽구들이 있어 따뜻하게 보낼 수 있었지.

식(食)

가족들이 바닥에서 그릇을 늘어놓고 밥을 먹었어. 음식을 나무로 만든 그릇이나 토기에 담아 먹었지. 잡곡밥, 소금에 절인 하얀 김치, 산나물, 고등어구이, 홍합 등을 짐승 뼈로 만든 숟가락으로 먹었어.

의(衣)

사람들은 대부분 삼베옷을 입었어. 신분이 높고 부유한 사람들은 비단옷이나 가죽옷을 입고 가죽신도 신었지.

약 70만 년 전
한반도에 인류가 살기 시작하다

기원전 8000년경
농사를 짓기 시작하다

기원전 2333년
단군왕검, 고조선 건국

기원전 2000년경
청동기 문화가 시작되다

기원전 400년경
철기 문화가 퍼지다

기원전 57년~기원후 42년
신라, 고구려, 백제, 금관가야의 건국

391년
광개토 대왕 즉위

⑤ 연맹 왕국이 한반도의 철기 시대를 열다

기원전 5세기 무렵부터 고조선에 철기 기술이 들어왔어. 하지만 고조선 남쪽의 한반도 사람들은 여전히 석기를 사용하고 있었지. 그런데 고조선이 한반도 남쪽으로 세력을 넓히면서 청동기와 철기가 곳곳으로 퍼져 나갔어. 덕분에 작은 나라들이 한 나라를 이루거나 좀 더 강한 나라를 중심으로 뭉친 연맹 왕국이 세워졌지. 부여, 고구려, 삼한 등이 그 주인공이야. 고조선이 멸망한 뒤 이 나라들이 우리의 역사를 이끌어 가게 된단다. 자, 역사 속으로 출발!

528년
신라의 불교 수용

676년
신라의 삼국 통일

우리 역사 속 두 번째 나라, 부여

　기원전 3세기경, 쑹화 강이 흐르는 만주 벌판에 '부여'라는 새로운 나라가 세워졌어. 옆에서는 고조선이 여전히 세력을 떨치고 있었지. 부여를 세운 동명왕은 부여 북쪽에 있던 탁리국 사람이었어. 활을 무척 잘 쏘는 데다 알에서 태어났다는 신화가 전해지는 왕이지.

　기원전 1세기 무렵, 부여는 쑹화 강 지역 대부분을 다스릴 정도로 부강한 나라가 됐어. 드넓게 펼쳐진 평야에서 농사가 잘되었거든. 가축을 잘 기른다는 소문이 날 정도로 목축도 발달했는데 소, 돼지, 닭, 개, 말 등 다양한 동물을 길렀어. 마가, 우가, 저가, 구가라는 관리의 이름 또한 가축의 이름에서 따온 거야. 부여가 그만큼 목축을 중시하는 나라였다는 뜻이지.

　부여에서는 나라의 중심부는 왕이 다스리고 다른 지역은 넷으로 나눠 여러 가들이 다스렸지. 어쩌면

> **고대 국가에 대한 자료**
> 《삼국지》는 중국의 삼국(위, 촉, 오) 시대를 다룬 역사책이야. 위서, 촉서, 오서로 이루어져 있는데, 위서의 마지막 권인 30권 '위서 동이전'에 부여, 고구려, 옥저 등 주변 나라들에 대한 기록이 남아 있어. 당시 역사를 기록한 우리 책이 없어서 《삼국지 위서 동이전》은 우리 역사를 연구하는 귀한 자료로 쓰인단다.

다섯 부족이 모여 부여라는 연맹 왕국을 세운 것일지도 몰라.

한편 왕은 여러 가를 비롯해 귀족들과 함께 중요한 나랏일을 결정했어. 이 귀족 회의에서 내린 결정은 왕이라도 따라야만 했지.

"홍수 때문에 농사를 망쳐 백성들의 생활이 말이 아닙니다. 왕이 책임지고 물러나야 합니다."

"맞습니다. 왕이 하늘의 뜻을 잘 받들어 나라를 다스렸더라면 이런 일이 생길 리 없습니다."

이처럼 날씨가 나쁘거나 병이 도는 등 나쁜 일이 생긴 것을 책임지라며 왕을 내쫓을 정도로 귀족 회의의 힘은 강력했단다.

부여의 법은 고조선만큼이나 엄격했어. 도둑질을 하면 훔친 물건값의 열두 배를 물어내야 했지. 살인자의 가족은 노비로 삼고, 질투가 심한 부인은 사형에 처할 정도였어.

부여는 만주 벌판에 자리 잡은 나라란다.

초기 철기 시대의 국가
고조선이 멸망한 후 초기 철기 시대에 세워진 나라들이야.

700년 긴 역사의 장을 연 고구려

고조선이 멸망한 후 70여 년이 흘렀을 무렵이야. 기원전 37년 부여 아래쪽, 그러니까 옛 고조선 땅에 고구려라는 나라가 세워졌어. 고구려는 부여 사람

주몽이 무리를 이끌고 내려와 세운 나라야. 이제 고구려 건국의 주인공, 주몽에 대한 신화를 들어 볼래?

부여의 금와왕이 사냥을 나갔다가 강가에서 한 여인을 만났어. 강의 신 하백의 딸인 유화였지. 허락도 없이 천제의 아들 해모수와 결혼해 부모님에게 쫓겨났다는 말을 들은 금와왕은 측은한 마음이 들어 부인을 궁궐로 데려왔어.

그런데 유화 부인의 방에 햇빛이 들어와 부인을 계속 비추는 거야. 그러더니 얼마 후 부인이 커다란 알을 낳았어. 신하들이 걱정하며 말했지.

"불길한 일이옵니다. 알을 없애야 합니다."

금와왕도 걱정이 되어 알을 없애라고 명령했지. 하지만 돼지우리든 벌판이든 알을 내다 버리기만 하면 동물들이 나타나 지켜 주었어. 알을 깨뜨리려고도 했지만 그것도 실패였지. 금와왕은 할 수 없이 알을 유화 부인에게 돌려줬어.

며칠 뒤 알을 깨고 사내아이가 태어났지. 아이는 어릴 때부터 활을 잘 쏘고 사냥도 잘했어. 그래서 이름도 활을 잘 쏘는 사람이라는 뜻의 '주몽'이 되었

지. 그러자 금와왕의 아들들은 주몽을 죽일 기회를 호시탐탐 노렸어. 남다른 능력을 가진 주몽에게 자신들이 밀려날까 봐 두려웠던 거야. 그들의 속셈을 눈치챈 주몽은 어머니와 임신한 아내를 남겨 두고 부하들과 함께 도망쳤어.

부여 군사들에 쫓겨 큰 강에 다다랐을 때, 주몽이 큰 소리로 외쳤어.

"나는 강의 신 하백의 손자이자 해모수의 아들이오. 도와주시오!"

주몽의 말이 끝나자마자 자라와 물고기 떼가 물 위로 올라와 다리가 되어 주었어. 덕분에 주몽 일행은 무사히 강을 건널 수 있었지.

주몽이 졸본 지역에 도착했을 때 그곳에는 이미 여러 나라가 자리 잡고 있었어. 주몽은 그 나라들을 힘으로 정복하기도 하고 손을 잡기도 하여 고구려를 세웠어. 그중 한 나라인 송양국 왕의 딸인 소서노와 결혼도 했지.

그런데 고구려의 주몽과 부여의 동명왕은 비슷한 점이 참 많아. 알에서 태어나 활을 잘 쏘았던 점이나 능력이 특별한 사람이었다는 점이 그렇잖아. 단군 신화가 그랬던 것처럼 건국 신화는 나라를 세운 인물이 특별하다는 점을

담아 내고 있단다.

고구려는 비슷한 시기에 세워진 부여나 옥저, 동예, 삼한과 달리 700년 남짓 나라가 유지됐어. 고구려는 앞으로 계속 등장할 테니 지금은 여기까지만 살펴보자꾸나.

고구려의 그늘 아래 있던 옥저와 동예

함경도 해안 지방에 자리 잡았던 옥저는 고구려와 형제처럼 닮은 나라였어. 옷, 음식, 생활 풍습이나 사람들의 성격까지 비슷한 점이 많았지. 옥저 아래쪽에 있는 동예도 마찬가지였어. 옥저, 동예, 고구려가 비슷하고 세 나라 모두가 먼저 세워진 부여와 비슷한 것을 보면, 이 나라들이 부여에서 갈라져 나온 사람이나 후손들이 세운 나라일 것이라고 짐작할 수 있어.

비슷한 세 나라지만 자기 나라만의 독특한 풍습도 있었지. 옥저에는 어린 신부가 결혼을 약속한 신랑 집으로 가서 어른이 될 때까지 사는 민며느리 제도가 있었어.

"이제 너도 결혼을 약속한 신랑감 집으로 갈 때가 되었다. 가거든 어른들 말씀 잘 들어야 한다."

"네, 어머님. 어른이 되어 결혼하러 올 때까지 부디 몸 건강히 지내세요."

그렇게 지내다 신부가 다 자라면, 신랑이 신부의 집에 몸값을 치른 뒤 정식으로 결혼을 했지. 이런 옥저의 결혼 풍습은 고구려와는 정반대였어. 고구려에서는 신랑이 신부 집에 와서 결혼식을 올린 후 자식을 낳고 한참 동안 살다가 신랑 집으로 돌아갔지. 신부 집 뒤에 서옥을 지어 산다고 해서 서옥제라고도 하고, 신랑이 신부 부모님 집에서 살아서 데릴사위제라고도 불렀어.

해안 지방에 위치한 옥저에서는 해산물이 많이 났어. 소금도 직접 만들었지. 옥저는 이런 특산물을 고구려에 바쳐야 했어. 고구려의 지배를 받았기 때문이야.

강원도 북부에 있던 동예도 옥저와 같은 입장이었어. 동예는 단궁, 과하마, 바다표범 가죽이 유명했지. '단궁'이라는 활은 작지만 멀리까지 화살을 쏘아 보냈어. '과하마'는 말을 타고도 과일나무 밑을 지나갈 수 있을 만큼 몸집이 작지만, 튼튼하고 순한 말이었지.

옥저와 동예는 끝까지 고구려의 그늘에서 벗어나지 못했어. 두 나라는 연맹 국가의 형태로 있다가 결국에는 고구려로 합쳐지고 말았지.

한반도 남쪽의 나라, 삼한

고구려, 옥저, 동예는 고조선의 옛 땅에 세워진 나라였어. 그러면 그 아래쪽, 한반도 남쪽에는 어떤 나라들이 있었을까?

남쪽에는 고조선에서 쫓겨 온 준왕이 자리 잡은 진국이 있었어. 한나라와 전쟁하는 중에 우거왕과 뜻이 어긋난 신하들이 세운 나라도 있었지. 또 고조선이 멸망한 후 한나라의 지배를 피해 남쪽으로 이주한 사람들이 세운 나라도 있었어.

그런 사람들은 고조선의 철기 문화를 앞세워 전부터 남쪽 땅에서 살던 사람들을 모아 나라를 세웠어. 이렇게 해서 한반도 남쪽에는 수십 개의 작은 나라가 자리 잡은 상태였지. 그 나라들은 마한, 진한, 변한이라는 세 개의 연합체를 만들었어.

마한은 지금의 경기도, 충청도, 전라도 지역의 54개 나라가, 진한은 대구, 경주 근처의 12개 나라가, 변한은 김해, 마산 근처에 있던 12개 나라가 연합한 것이었지.

삼한 사람들은 농사를 많이 지었어.

"우리 땅은 평평한 데다 물이 많아서 벼농사가 잘돼."

"농사짓는 데는 물 관리가 특히 중

〈의림지도〉 삼한 시대에 충청북도 제천에 만든 저수지가 의림지야. 의림지의 모습을 조선 후기의 화가 이방운이 그렸지.

요해. 그래서 나라에서도 빗물을 모아 둘 저수지를 여기저기 만드는 거잖아."

벼농사를 잘 지었던 삼한 사람들이 만든 저수지는 지금도 몇 군데 남아 있단다. 변한과 진한 지역은 철을 다루는 기술이 앞서 있었어. 변한에 있던 구야국은 낙동강의 물길을 이용하여 왜와 낙랑에 철을 수출하기도 했어.

부여, 고구려, 동예, 옥저, 삼한은 고조선이 멸망할 즈음부터 고구려, 백제, 신라의 삼국 시대가 시작되기 전까지 한반도 역사의 한 대목을 장식한 나라들이야. 삼한 중 마한은 나중에 백제에 합쳐졌고, 진한은 경주의 사로국에 합쳐졌어. 변한은 구야국을 중심으로 연맹체를 이루었지. 결국 삼한은 백제, 신라, 가야로 발전한 거야. 이렇게 초기의 여러 나라가 있었기에 우리 역사는 삼국 시대로 나아갈 수 있었어.

서역의 문화를 전해 준 비단길

기원전 139년 한나라는 국경 지역을 자주 습격하는 흉노족을 물리치기 위해 큰 계획을 세웠어. 중국 서쪽에 있는 나라 대월지와 동맹을 맺으려는 것이었지. 먼 길을 떠날 사신을 모집하는데, 장건이 지원했어. 결국 동맹을 맺는 데는 실패했지만, 덕분에 그 유명한 비단길이 열렸지. 비단길을 통해 중국에서 중앙아시아, 서아시아를 거쳐 유럽까지 교역할 수 있게 된 거야. 이 길을 통해 비단이 많이 거래되었기 때문에 비단길이라고 부른단다.

신라 시대 유물 중에는 지중해 연안에서 생산된 제품으로 보이는 유리병과 유리잔이 있어. 아마도 비단길을 통해 수입된 물건일 거야. 비단길을 지나 신라까지 곧장 왔을 수도 있고, 중국을 통해 들어왔을 수도 있겠지. 어쨌든 비단길은 삼국이나 일본이 저 먼 서역의 문화까지 맛볼 기회를 열어 주는 역할을 했어.

축제 안내 정보

하늘이시여, 감사하나이다!

고조선 이후 한반도에 자리 잡았던 연맹 왕국들은 다양한 제천 행사를 벌였어.
이 행사는 '제천'이라는 말뜻처럼 하늘에 제사를 드리는 행사였지.
이날은 농사가 잘되기를 빌거나 풍년이 든 것에 감사하고 축하하는 날이니만큼
왕을 비롯해 온 나라 백성들이 축제를 신나게 즐겼을 거야.

 부여는 12월에 '영고'라는 제천 행사를 벌였습니다. 제사가 끝나면 왕을 비롯해 모든 사람들이 모여 춤추고 노래하며 즐거운 시간을 보냈습니다. 제천 행사 중에 죄수에 대한 재판이 열리기도 했습니다.

 고구려는 10월에 '동맹'이라는 제천 행사를 벌였습니다. 풍년이 든 것에 감사드리는 제사여서 추수가 끝난 다음에 한 것입니다. 먼저 동굴에서 제사를 지낸 다음, 물가로 가서 한 번 더 지냈습니다. 사람들은 주몽왕의 건국 신화로 엮은 연극을 구경하고, 노래하고 춤추며 흥겨운 시간을 보냈습니다. 고구려의 귀족과 부족 대표들은 축제 기간에 모여 중요한 나랏일을 결정하기도 했습니다.

 동예는 고구려와 마찬가지로 10월에 제천 행사를 벌였습니다. 행사 이름은 '무천'이며 '하늘을 향해 춤춘다.'는 뜻입니다. 다른 나라와 마찬가지로 제사를 드린 후 사람들이 춤을 추며 즐거운 시간을 보냈습니다.

 삼한의 제천 행사는 씨 뿌린 후인 5월과 추수한 후인 10월에 열렸습니다. 정성껏 제사를 지낸 뒤에 모두 한마음으로 노래하며 춤추는 것은 다른 나라와 마찬가지였습니다. 한 가지 독특한 점은 제사와 정치가 분리되어 있었다는 점입니다. 제사는 소도라는 곳에서 제사장이 지냈습니다. 소도에는 신성한 장소라는 표시로 커다란 나무를 세우고 방울과 북을 매달아 두었습니다. 만약 죄인이 도망쳐 소도로 들어가면, 함부로 잡을 수 없었다고 합니다.

약 70만 년 전
한반도에 인류가 살기 시작하다

기원전 8000년경
농사를 짓기 시작하다

기원전 2333년
단군왕검, 고조선 건국

기원전 2000년경
청동기 문화가 시작되다

기원전 400년경
철기 문화가 퍼지다

기원전 57년~기원후 42년
신라, 고구려, 백제, 금관가야의 건국

391년
광개토 대왕 즉위

고구려, 백제, 신라, 가야가 한반도에 자리 잡다

연맹 왕국들이 자리 잡고 있던 한반도에 드디어 나라다운 나라를 세우려는 세력들이 등장했어. 서쪽에 백제, 동남쪽에 신라가 세워지고, 연맹 왕국 시절부터 있던 고구려는 더 힘차게 도약했어. 하지만 백제와 신라 사이에 위치한 가야는 여전히 연맹 왕국 상태였지. 이번 장에서는 고대 국가의 틀을 갖추기 위해 경쟁하며 성장한 고구려, 백제, 신라, 가야의 초기 역사를 알아볼 거야. 가자, 네 나라의 역사 속으로!

528년
신라의 불교 수용

676년
신라의 삼국 통일

고대 국가의 기틀을 먼저 갖춘 고구려

고구려를 세운 주몽의 신화 기억나지? 주몽이 임신한 아내를 부여에 두고 떠났었잖아. 그때 주몽은 아들이 태어나거든 숨겨 둔 징표를 찾아 자기를 찾아오게 하라고 아내에게 일러 두었어.

세월이 흐른 어느 날, 웬 젊은이가 부러진 칼을 들고 주몽을 찾아왔어.

"아버님의 아들, 유리이옵니다. 인사 받으소서."

"뭐라? 진정 네가 내 아들이란 말이냐!"

주몽은 유리가 가져온 칼이 자신이 갖고 있던 칼에 꼭 맞는 것을 확인하고는 무척 기뻐했어. 주몽은 졸본에서 얻은 비류와 온조 왕자가 있었지만 큰아들인 유리를 태자로 삼았지.

왕위에 오른 유리왕은 주변 지역을 상대로 정복 전쟁을 벌이며 영토를 넓혀 나갔어. 서기 3년에는 국내성으로 도읍을 옮겼지. 졸본은 험한 산이 많은 지역이라 적의 공격을 막기에는 좋았지만 농사짓기엔 힘든 땅이었어. 국내성은 졸본에 비해 땅도 기름진 데다 한반도로 내려가기에도 좋은 길목이었지.

이후 고구려는 백제나 신라보다 한발 앞서 나라의 기틀을 세워 나갔어. 부여를 정복하고 낙랑도 공격했지. 태조왕은 옥저를 무너뜨려 고구려로 통합시켰어. 고구려는 여러 부족의 우두머리를 중앙 귀족으로 임명하고, 왕이 나라의 중심이 될 수 있도록 제도를 만들어 갔어. 건국 초기에는 귀족들보다 약했던 왕권이 갈수록 강해졌지.

2세기 말, 고국천왕 때에는 진대법을 실시했어. 흉년이 들거나 양식이 모자란 봄철에 가난한 백성들에게 곡식을 빌려주는 제도였지.

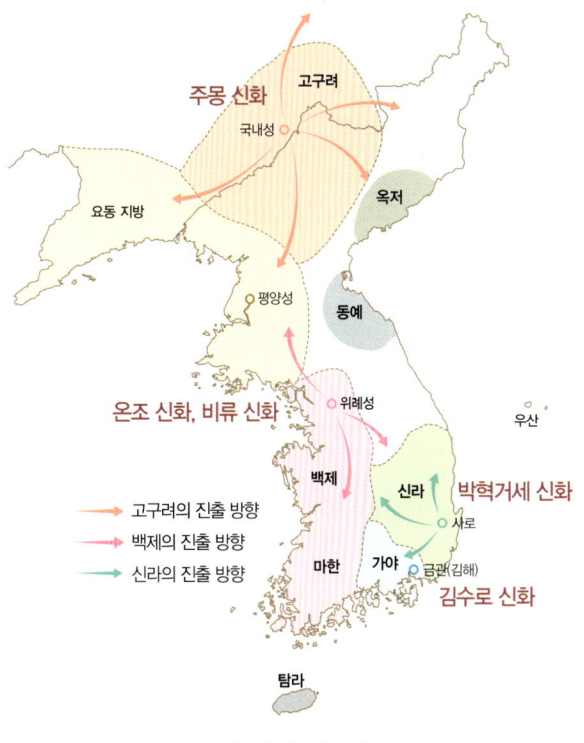

3세기 삼국의 성립과 탄생 신화

"왕이 가난한 백성들에게 곡식을 빌려준대! 이 모든 게 훌륭하신 왕 덕분일세!"

"봄에 빌려서 가을에 갚으면 된다니 이제 굶어 죽진 않겠어!"

백성들의 믿음을 바탕으로 왕의 힘은 더욱 커졌어. 그러면서 왕위도 귀족 회의를 거칠 필요 없이 아들에게 물려주는 방식으로 바꾸었지.

4세기 초 미천왕은 중국의 낙랑군을 몰아내며 영토를 크게 넓혔어. 철이 많이 나고 농사가 잘되는 요동 지방을 차지하려고 중국 전연과 맞서기도 했지.

고구려는 중국의 한족이나 북방에 자리 잡은 여러 민족과 전쟁을 하면서 계속 세력을 넓혀 갔어. 마침내 넓은 영토에 수많은 백성이 살고 자원까지 풍부

한 나라가 되었지. 또 강한 군사력을 갖춘 데다 세금을 내는 백성이 많아져서 점점 부유해졌어. 이렇게 고구려는 왕 중심의 강한 나라로 성장해 갔단다.

고구려 왕자가 세운 나라, 백제

고구려에서 주몽의 아들이자 왕위를 이어 갈 왕자로 대접받던 비류와 온조는 느닷없이 부여에서 온 유리 때문에 어찌해야 할 바를 몰랐어. 주몽이 유리를 태자로 삼은 뒤에는 걱정이 더욱 커졌지.

"아무래도 우리는 고구려를 떠나는 것이 좋을 듯하구나. 다른 곳으로 가서 새로운 나라를 세우자."

백제 전기의 토성으로 알려진 몽촌토성이야. 진흙으로 성벽을 쌓고, 성벽 바깥에 목책을 둘렀지.

얼마 후 두 왕자는 자신들을 따르는 신하와 백성들을 데리고 남쪽으로 떠났어. 두 왕자는 지금의 한강 유역인 위례성에 도착했어. 동생 온조는 이곳이 마음에 든다며 여기서 나라를 세우자고 했지.

하지만 비류는 지금의 인천인 미추홀로 가겠다고 했어. 결국 형제는 각자의 길을 가게 되지. 기원전 18년 온조는 위례성을 도읍으로 삼아 '십제'라는 나라를 세웠어.

그런데 비류가 간 미추홀은 바닷가 지역이라 땅에 습기가 많고 물이 짜서 살기가 힘들었어. 결국 비류는 죽고 백성들은 십제로 돌아왔지. 온조는 나라 이름을 '백제'로 바꾸었어. '백성들이 즐겁게 따랐다.'는 뜻이야.

백제는 삼한 중 마한에 속한 작은 나라들 가운데 하나로 시작했어. 하지만 곧 이웃 나라들과 전쟁을 하며 영토를 넓혀 나갔지. 온조는 왕위에 오른 지 10년도 되지 않아 마한을 공격해 땅을 빼앗기도 했어.

사로국에서 시작된 신라

기원전 69년 지금의 경주 땅에 있던 사로국에 신기한 일이 일어났어. 알에서 아이가 태어난 거야. 사로국은 삼한 중 진한에 속한 작은 나라였지. 기원전 57년 그 아이가 사로국의 왕이 되었어. 사로국의 첫 번째 왕인 박혁거세의 탄생 이야기를 들어 볼래?

어느 날 사로국의 촌장이 나정이라는 우물가를 지나는데, 흰 말이 무릎을 꿇고서 울고 있었어. 이상하다 싶어 가까이 가 봤더니 커다란 자주색 알이 있는 거야. 얼마 안 있어 알에서 어린아이가 나왔어. 사람

신라의 이름
신라는 진한에 속해 있던 사로국에서 시작된 나라야. 서나벌(또는 서라벌), 계림, 사라, 서벌, 서나, 신라 등 여러 이름으로 불렸어. 그러다 '신라'로 정한 것은 503년 지증왕 때였단다.

들은 아이가 둥근 박처럼 생긴 알에서 태어났다고 해서 성을 '박'이라고 하고, 이름은 '세상을 밝게 다스린다.'는 뜻으로 '혁거세'라고 붙여 주었지.

"이렇게 특별한 일이 일어나다니! 하늘에서 우리에게 왕을 보내 주신 것이 틀림없습니다."

"그렇고말고요! 드디어 우리도 왕이 다스리는 나라가 되는군요!"

아이가 열세 살이 되었을 때, 사람들이 그를 왕으로 받들었어. 박혁거세는 신라의 첫 번째 왕이 되었지. 그런데 신라는 고조선이나 고구려와 달리 초기에는 '박, 석, 김' 세 성을 가진 사람들이 돌아가며 왕위에 올랐어. 그래서인지 왕

과 관련된 신화가 더 있지. 먼저 네 번째 왕인 석탈해(탈해왕)에 대한 이야기야.

신라의 두 번째 왕인 남해왕 때였지. 아진포라는 곳에 사는 한 노파가 어느 날 바다에서 까치 떼가 하늘을 날며 우는 것을 보았어. 이상해서 살펴보니 배 한 척이 있었는데, 배 안에 커다란 궤짝이 놓여 있었지. 노파가 궤짝을 열었더니 그 속에 웬 사내아이가 있었어. 옆에는 갖가지 보물과 노비들까지 있었지. 노파가 사내아이를 데려다 보살펴 주었어.

이레가 지나자 아이가 입을 열었지.

"나는 용성국 사람이다. 용성국의 왕비가 낳은 알에서 나와 버림을 받고 이곳에 오게 되었다."

그러더니 사내아이는 노비를 데리고 토함산에 올라가 이레 동안 머물다 내려왔어. 아이는 높은 벼슬아치인 호공의 집 근처에 숫돌과 숯을 몰래 묻어 두었어. 그리고 그 집이 자신의 조상이 살던 집이라며 관가에 신고했어. 증거물 덕분에 아이는 그 집을 차지하게 되었어. 소문을 들은 남해왕은 그를 슬기로운 사람이라고 생각하여 첫 번째 공주와 결혼시켰단다.

다음은 신라의 13대 왕인 미추왕의 조상이자, 경주 김 씨의 시조인 김알지에 대한 이야기야. 65년 탈해왕이 궁궐 서쪽에 있는 숲 속에서 닭의 울음소리를 들었어. 탈해왕이 호공을 보내 살펴보게 하니, 황금빛 궤짝이 나뭇가지에 걸려 있고 나무 밑에는 흰 닭이 울고 있었어. 보고를 받은 왕이 직접 가서 상자를 열었는데, 훤하게 생긴 사내아이가 들어 있는 거야.

탈해왕이 아이를 데려다 길렀는데, 금궤에서 나왔다는 뜻에서 '김(金)' 씨 성을 붙여 주었어. 아이는 자라면서 아주 총명하고 슬기로운 사람이 되었어. 그래서 이름을 '알지'라고 불렀지. '알지'라는 말에는 아기라는 뜻도 있대. '김알

조선 시대의 화가인 조속이 그린 〈금궤도〉야.
김알지가 계림에서 탄생한 이야기가 담겨 있어.

지'는 금궤에서 나온 아기라는 뜻이기도 해.

고구려와 백제처럼 신라도 주변의 작은 나라들을 정복하면서 영토를 넓혀 갔어. 그 덕분에 고대 국가의 기틀을 마련해 나갈 수 있었지.

하지만 신라는 삼국 중 발전 속도가 가장 늦었어. 힘이 비슷한 세력들이 연합하여 만든 나라여서 왕이 나라의 중심이 되기가 쉽지 않았거든. 게다가 한반도 동남쪽에 치우쳐 있는 탓에 고구려와 백제, 마한 등에 막혀 중국의 문화나 기술을 받아들이기도 어려웠단다.

연맹 국가 가야

 사로국이 성장하고 있던 42년, 낙동강 일대의 변한 지역에서도 새로운 나라가 발돋움했어. 여섯 개의 나라가 연맹하여 만든 '가야'였지. 가야에도 왕들과 관련된 신화가 있어. 아직 왕은 세우지 못하고 대표자인 '간' 아홉 명이 나라를 다스리던 때였지.

 어느 날 구지봉에서 이상한 소리가 들렸어. 간들이 가까이 가서 들어 보니 이곳이 어디인지 묻는 소리였어.

 "구지입니다."

 간들이 대답하자 목소리가 계속 들려왔지.

 "하늘이 나에게 이곳에 나라를 세우라고 하셨다. 너희는 산꼭대기의 땅을 파면서 노래를 부르고 춤을 추어라. 그러면 왕을 얻게 될 것이다."

 아홉 간은 시키는 대로 노래를 부르고 춤을 추었어.

 "거북아 거북아 머리를 내밀어라.

 내밀지 않으면 구워 먹으리."

그러자 하늘에서 자주색 줄이 내려오는 거야. 줄 끝에는 붉은 보자기로 싼 황금 상자가 매달려 있었어. 상자 안에는 번쩍거리는 황금 알 여섯 개가 들어 있었지. 며칠 후 알을 깨고 어린아이들이 태어났어. 제일 먼저 태어난 아이의 이름을 '수로'라고 지었지. 수로는 왕이 되어 나라 이름을 '가야'라고 했어. 다른 알에서 태어난 아이들도 각각 왕이 되었지. 김해의 금관가야, 고령의 대가야, 함안의 아라가야, 고성의 소가야, 성주의 성산가야, 함창의 고령가야가 왕을 갖게 된 거야. 이렇게 여섯 가야를 중심으로 가야 연맹이 만들어졌어.

철이 많이 나는 지역에 자리 잡은 가야는 변한이 그랬던 것처럼 철을 수출했어. 덕분에 살림이 넉넉했지. 특히 금관가야는 낙동강 하류 지역에 위치해 있어서 중국과 일본으로 직접 철을 내다 팔았어. 이런 경제적인 여유를 바탕으로 가야는 신라보다 문화 수준이 높아질 수 있었지.

하지만 가야는 고구려, 백제, 신라처럼 고대 국가로 성장하지 못하고, 6세기 중반에 나라의 문을 닫고 말았어. 여섯 가야라고 했지만, 실제로는 훨씬 더

수레바퀴 모양 토기   말 머리 가리개

가야의 유물로는 다양한 철기와 토기가 많이 발견돼.
가야는 철기 문화가 발달하고 문화 수준이 높았어.

많은 나라들이 연합한 상태였거든. 그래서 강한 왕이 다스리는 나라처럼 한데 힘을 모아 성장하기가 어려웠지.

당시 고구려, 백제, 신라가 왕이 나라를 다스리는 체제였던 것은 틀림없지만, 아직은 왕보다 귀족들의 힘이 더 강했어. 나라를 세우는 데 귀족들의 역할이 컸기 때문이지. 그래서 고구려는 제가 회의, 백제는 정사암 회의, 신라는 화백 회의를 통해 귀족들이 중요한 나랏일을 결정했어. 왕을 정할 때에도 귀족 회의가 영향을 줄 정도였지. 그렇지만 왕들이 점점 힘을 키워 나가면서 삼국은 왕 중심의 나라로 성장했어.

네 나라는 나라를 키워 가는 과정에서 서로 숱한 전쟁을 치렀어. 어제는 친구였다가 오늘은 적이 되는 일이 너무 잦아서 누구와 싸우는지 헷갈릴 정도였지. 그 속에서 백성들은 농사도 짓지 못하고 전쟁터로 끌려 나가기 일쑤여서 먹고살기가 고달팠단다.

일본에 벼농사와 금속 도구를 전한 한반도 사람들

기원전 4세기 무렵까지 일본 땅에 사는 사람들은 수렵과 채집 생활을 하고 있었어. 한반도 사람들은 벼농사를 짓고 청동기를 사용했지만, 일본 땅에서는 아직도 신석기 시대처럼 살았던 거지. 기원전 3세기 무렵에야 한반도에서 건너간 사람들이 벼농사 기술과 청동기·철기 문화를 전해 주었어.
그 뒤 일본 열도 서남부 지역에 벼농사가 퍼졌고, 한반도에서 그랬던 것처럼 사람들이 모여 사는 큰 마을이 생기기 시작했지. 그러다 2세기 말쯤 야마타이국에서 히미코라는 사람이 왕이 되었어. 덕분에 백여 개의 작은 나라가 전쟁을 치르던 일본 땅에도 왕이 다스리는 나라가 등장했지.

답사 여행

고구려, 백제, 신라의 성 쌓기

삼국 시대는 전쟁이 끊이지 않는 시대였어. 군사를 동원해 상대 나라의 성을 빼앗으면 승리하고, 그 지역을 점령하는 방식이었지. 전쟁이 일어나면 근처에 살던 백성들은 성안으로 들어가 생활하거나 전쟁에 참여했어. 그러니 성을 쌓는 일은 무엇보다 중요한 일이었지. 삼국의 성 쌓기 실력을 살펴볼까?

고구려

고구려는 오녀산성, 국내성을 비롯해 수많은 성을 쌓았어. 도읍을 중심으로 북쪽과 서쪽의 중국 세력과 선비족을 대비해 성을 쌓았지. 고구려는 성문을 보호하기 위해 성벽을 이중으로 쌓기도 하고, 성의 일부를 튀어나오게 지어 적을 공격하기 쉽게끔 만들기도 했어.

여기서 장수가 전쟁을 지휘했어.

국내성 가까이에 있던 환도성 장대야. 주로 돌로 쌓았어.

성벽이 아직도 튼튼해 보여.

지금은 중국 땅인 지린 성 지안에 있는 국내성이야.

백제

백제는 북쪽과 동남쪽을 중심으로 성을 쌓았어. 낙랑, 말갈, 신라와의 전쟁에 대비한 것이지. 백제는 몽촌토성, 풍납토성처럼 토성을 많이 쌓았어. 토성에 울타리를 둘러 세웠지.

익산토성은 원래 흙으로 쌓았다가 나중에 돌로 다시 쌓았대.

서울특별시 송파구에 있는 백제 초기의 토성인 서울 풍납동 토성의 모습이야.

전라북도 익산의 익산토성이야. 백제가 쌓은 뒤 고려 시대까지 중요한 산성 역할을 했어.

신라

초기 신라는 기술이 뒤진 편이라 돌과 흙으로 엉성하게 성을 쌓았어. 하지만 5세기 무렵에는 고구려 못지않게 튼튼한 성을 쌓았어.

성벽이 유난히 두꺼워 보이는 성이네.

적군을 막기 위해 다양한 방법을 이용했구나!

충청북도 보은에 있는 삼년산성이야. 삼 년 동안 쌓았다고 해서 삼년산성으로 불리지.

경주 월성 밖에 물길을 빙 둘러 흐르게 만든 해자야.

약 70만 년 전
한반도에 인류가 살기 시작하다

기원전 8000년경
농사를 짓기 시작하다

기원전 2333년
단군왕검, 고조선 건국

기원전 2000년경
청동기 문화가 시작되다

기원전 400년경
철기 문화가 퍼지다

기원전 57년~기원후 42년
신라, 고구려, 백제, 금관가야의 건국

**391년
광개토 대왕 즉위**

엎치락뒤치락 세 나라의 전성기가 이어지다

⑦

앞에서 고대 국가의 기틀을 세워 가던 고구려 이야기를 했지? 고구려가 백제나 신라보다 조금 앞서갔잖아. 그런데 전성기를 가장 먼저 맞은 나라는 의외로 백제였어. 고구려가 북쪽에 있는 나라들과 전쟁하느라 주춤하는 사이 백제는 고대 국가의 기틀을 갖추고는 이를 바탕으로 전성기를 열었던 거지. 지금부터 백제, 고구려, 신라가 차례차례 전성기를 맞는 3세기 중반에서 6세기까지의 한반도 역사를 알아볼 거야. 조금 복잡할지도 모르니까 눈을 크게 뜨고 꼼꼼히 살펴보렴!

528년
신라의 불교 수용

676년
신라의 삼국 통일

전성기를 먼저 맞은 백제

3세기 중반, 백제의 고이왕은 왕의 권력이 강해야만 나라의 기틀을 확고히 다질 수 있다고 생각했어. 고이왕은 중국과 활발히 교류하면서 선진 문물을 받아들였어. 이를 토대로 율령을 만들고 나라를 다스리는 제도를 갖추어 나갔지.

> **율령**
> 나라를 다스리는 기본법을 말해. 나랏일과 관련된 법과 죄나 공을 다스리는 법이라고 생각하면 되지.

율령을 만들었다는 것은 그만큼 왕의 힘이 강해졌다는 뜻이야. 귀족을 비롯해 백성들 전체가 따를 법을 만드는 것이니까. 나라 안의 질서를 정비한 고이왕은 영토 확장에 나섰어. 연맹 국가 중 중심 세력이었던 목지국을 정복하며 마한에 큰 충격을 안겼지.

백제는 4세기 중반 근초고왕 때가 전성기였어. 근초고왕은 군사를 직접 이끌고 출정하여 남쪽의 마한을 흡수하고 낙동강 지역의 가야 땅을 차지했지. 그리고 북쪽으로 올라가 고구려를 공격하여 승전한 것은 물론이고 고국원왕의 목숨까지 빼앗았어. 백성들은 전쟁에서 이기고 돌아온 왕과 군사들을 환호하며 반겼지.

"와, 중국 황제가 쓴다는 황색 깃발을 달았잖아! 근사한데!"

"백제의 백성이라는 사실이 자랑스럽구먼!"

영토를 넓힌 근초고왕은 지방을 다스리는 제도까지 만들어 왕권을 확실히 다졌어. 주변 나라와도 활발하게 교류했지. 넓은 영토에 든든한 동맹국, 한강 하류에서 뻗어 나간 바닷길까지 차지한 백제는 그야말로 무서울 게 없었어.

4세기 말경 침류왕 때는 동진을 통해 불교도 받아들였어. 불교에서는 '왕은 곧 부처'라고 가르쳐서 백성들이 왕을 깊이 섬기게 했어. 덕분에 왕권을 강화하는 데 큰 도움이 되었지. 이렇게 여러 종교를 믿으며 흩어져 있던 백성들의 마음도 불교 아래 하나로 모아졌어.

중국 산둥, 요서, 동진을 비롯해 왜와 외교를 맺었지.

4세기 백제의 전성기

위기를 지혜롭게 극복한 고구려의 소수림왕

한편 평양성은 겨우 지켰지만 백제에 패하고 왕까지 잃은 고구려는 위기에 빠졌어. 백제에 당한 것이 이번이 처음이 아니었거든. 고국원왕이 살아 있을 때 황해도 남부를 공격했다가 2만이나 되는 군사를 잃은 적도 있었어.

고국원왕의 뒤를 이어 왕위에 오른 소수림왕은 고민했지.

"북쪽에서는 전진이, 남쪽에서는 백제가 우리 고구려를 노리고 있다. 어찌

해야 이 위기에서 벗어날 수 있단 말인가?"

소수림왕은 마음 같아서는 전진이든 백제든 당장 쳐들어가고 싶었어. 하지만 지금 전쟁을 일으켰다가는 나라의 앞날을 장담할 수가 없었지. 결국 소수림왕은 전쟁보다는 내실을 다지기로 결심했어.

소수림왕은 나라 안을 재정비하기로 결심하고 율령을 반포했어. 태학이라는 학교를 설치해 귀족 자제들이 실력을 갈고닦아 훌륭한 관리로 성장할 수 있게 했지. 고구려는 불교까지 받아들여 나라의 기반을 갖추며 차츰 위기를 벗어났단다.

고구려의 전성기를 이룬 광개토 대왕과 장수왕 부자

391년 고구려에서는 영토 확장으로 이름을 떨친 광개토 대왕이 왕위에 올랐어.

"이제부터 '영락'이라는 우리만의 연호를 사용할 것이오!"

중국을 따르지 않는 당당한 나라를 만들겠다는 선언이었어. 광개토 대왕은 소수림왕이 닦아 놓은 기틀을 바탕으로 영토 확장에 나섰어. 먼저 백제를 공격해 임진강 일대를 차지했지. 백제와 싸우다 죽은 고국원왕에 대한 복수를 한 거야. 다음에는 북쪽으로 눈을 돌려 거란을 공격했어. 거란을 위협함으로써 전연의 뒤를 이은 나라 후연과 내통하지 못하게 한 거야. 이렇게 북쪽을 경계한 뒤 다시 남쪽의 백제를 공격했어. 단숨에 밀고 내려가 한강 북쪽을 점령하고, 아신왕의 동생과 대신들을 볼모로 잡아 고구려로 끌고 갔지.

남으로 북으로 무섭게 내달리는 광개토 대왕과 고구려군에 대한 소문은 사방으로 널리 퍼져 나갔어. 백제, 가야와 손잡은 왜군이 신라를 침략했을 때,

5세기 고구려의 전성기

신라는 고구려에 도움을 요청했어. 광개토 대왕은 5만의 군대를 보내 왜군과 가야군을 단숨에 무너뜨렸지. 이로써 신라는 위기에서 벗어나기는 했지만, 고구려의 신하가 되고 말았어.

그 후 광개토 대왕은 요동 지역의 후연을 공격해 승리를 거두었어. 미천왕의 무덤을 파헤치고 시신을 가져갔던 전연에 대한 복수는 물론이고, 영토 확장이라는 드높은 목표를 달성한 거야. 광개토 대왕은 요동까지 간 김에 부여와 말갈까지 굴복시켰어. '넓은 영토를 개척한 위대한 왕'이라는 이름에 걸맞은 업적이었지.

장수왕도 아버지의 뜻을 이어받아 영토를 넓히고 나라를 튼튼히 하는 데 힘썼어. 백제와 신라를 견제하기 위해 도읍도 남쪽의 평양으로 옮겼어. 귀족들은 국내성에 그대로 있자면서 도읍 이전을 반대했지만, 장수왕의 뜻을 꺾을 순 없었지.

이런 움직임에 맞서기 위해 신라와 백제는 힘을 합쳐 서로 돕자며 433년에 '나·제 동맹'을 맺었어. 그 후 백제의 개로왕은 고구려 서북쪽에 있던 나라인 북위에 고구려를 공격해 달라고 요청했지. 하지만 북위는 백제의 청을 거절하고 이 사실을 고구려에 알렸어. 고구려와 잘 지내는 게 자기 나라에 더 낫겠다고 생각한 거야. 화가 난 장수왕은 군사 3만을 이끌고 백제의 수도인 한성에 쳐들어갔어. 이 전쟁으로 고구려가 한강 유역을 차지한 것은 물론이고, 개로왕의 목숨까지 빼앗았지. 고구려의 전성기는 이렇게 완성되었어.

나라를 다시 일으키려는 백제의 노력

장수왕의 공격에 처참하게 패한 백제는 남쪽으로 내려와 지금의 공주 지역인 웅진으로 도읍을 옮겼어. 그 후 여러 왕이 나라의 안정을 되찾기 위해 애썼어. 6세기 초 백제는 무령왕에 이르러서야 조금씩 안정을 찾았지.

"이번 왕은 직접 농사를 돌보고 백성들을 잘 살게 하려고 애쓰신대!"

"무엇보다 전쟁을 안 하니 살 것 같아!"

뒤를 이은 성왕은 도읍을 지금의 부여인 사비로 옮겼어. 금강을 끼고 있어 생활이 편리한 데다 도망치듯 옮겼던 웅진을 벗어나 새로운 마음으로 다시 시작하자는 뜻이었지. 나라 이름도 '남부여'로 바꾸었어. 백제가 부여에서 시작된 나라임을 알리고, 왕실의 성인 '부여'를 나라 이름으로 삼아 왕권을 더욱 강화하려는 뜻이었어.

성왕은 동맹국인 신라와 잘 지내려고 노력했어. 왜에도 학자와 기술자를 보내고 불교를 전하는 등 친밀하게 지냈지. 전쟁에 대비해 군사 훈련도 부지런히 했어. 드디어 벼르고 별렀던 한강 유역을 되찾을 기회가 왔어. 고구려가 왕위 계승 문제로 귀족들끼리 다투느라 혼란스러워진 거야.

충청남도 부여의 백제 문화 단지 안에 재현된 사비궁. 백제 성왕이 부여로 도읍을 옮긴 후 세운 궁궐이야.

정림사지 5층 석탑
백제 시대의 대표적인 절터인 부여 정림사지에 세워져 있어.

성왕은 고구려를 공격하자고 신라에 제안했어. 신라의 진흥왕도 흔쾌히 받아들였지. 551년 나·제 동맹군이 힘을 합쳐 고구려를 공격해 승리를 거두었어. 약속대로 백제는 한강 하류 지역을, 신라는 상류 지역을 차지했어.

"오랜 수모를 갚고 한강을 되찾았으니 이보다 기쁠 수가 없도다. 이제 백제는 새로운 전성기를 맞을 것이다!"

하지만 성왕의 기쁨은 2년을 넘기지 못했어. 되찾은 한강 유역을 이번에는 신라에 빼앗겼기 때문이지. 다시 타오르려던 백제의 불길에 매서운 바람이 몰아치기 시작한 거야.

대기만성 신라의 전성기

신라는 박, 석, 김의 세 성이 번갈아 가며 왕위에 올라 왕권을 강화할 틈이 없었어. 위치도 한반도 동남쪽에 치우쳐 있어 대륙의 선진 문물을 받아들이기 쉽지 않았지. 이런 여러 요인들 때문에 신라는 백제나 고구려보다 성장이 늦었어.

하지만 신라는 차근차근 기회를 만들어 나갔어. 내물왕 때부터 김 씨가 왕위를 독점하면서 왕권이 강화되었고, 5세기 들어 백제와 군사 동맹을 맺으면서 고구려의 간섭에서 점차 벗어났지. 6세기 초 지증왕은

> **신라의 지배자에 대한 호칭**
> 신라는 나라를 다스리는 지배자에 대한 호칭이 여러 번 바뀌었어. 거서간 – 차차웅 – 이사금 – 마립간 – 왕 순이었지. 뜻은 조금씩 다르지만, 결국은 나이가 많은 연장자나 높은 사람을 가리키는 말이었어.

나라 이름을 '신라'로 정하고, '왕'이라는 호칭도 사용했어. 울릉도에 있던 우산국을 정복한 것도 이때였어. 또 농사에 소를 이용하면서 농업 생산량도 급격히 늘어 나라가 빠르게 발전하게 되었단다.

뒤를 이은 법흥왕은 법률을 정하고 나랏일에 필요한 관청도 만들었지. 고구려의 소수림왕이나 백제의 근초고왕도 그렇게 나라의 기틀을 다져 전성기를 열었잖아. 이제 신라도 그럴 때가 온 거야. 법흥왕은 불교도 받아들이려 했어. 하지만 고구려, 백제와 달리 신라의 귀족들은 이를 거세게 반대했어.

이때 고민하는 법흥왕 앞에 젊은 관리 이차돈이 나타나 말했어.

"왕이시여, 저의 목을 베소서. 저를 바쳐 백성들이 불교를 믿고 귀족들이 왕을 높이 섬기게 된다면 그보다 더한 영광이 없사옵니다."

그런 뒤 이차돈은 귀족들이 성스럽게 생각하는 산에서 나무를 베어다 절을 짓기 시작했어. 귀족들은 왕에게 거세게 항의했지. 결국 법흥왕은 귀족들의 뜻을 받아들여 이차돈을 사형시키기로 했어.

그런데 이차돈의 목을 베는 순간, 느닷없이 하늘이 어두워지고 천둥 번개가 치는 거야. 이에 법흥왕이 명을 내렸지.

"죄 없는 사람을 죽이니 부처님께서 노하신 것이다. 불교를 허락할 것이니 아무도 반대하지 마라!"

그 후 사람들 사이에 이 소문이 퍼졌어. 처형당한 이차돈의 목에서 흰 피가 솟구치고 하늘에서 꽃비가 내렸다는 내용이었지.

신라가 점차 강해지자, 이미 약해진 금관가야가 항복해 왔어. 하지만 가야의 다른 나라들은 백제와 손잡고 신라에 맞섰지.

신라의 전성기는 6세기 중반 진흥왕 때 활짝 열렸어. 나라

이차돈 순교비
순교할 때 이차돈의 목에서 뿜어 나왔다는 흰 피가 표현되어 있어.

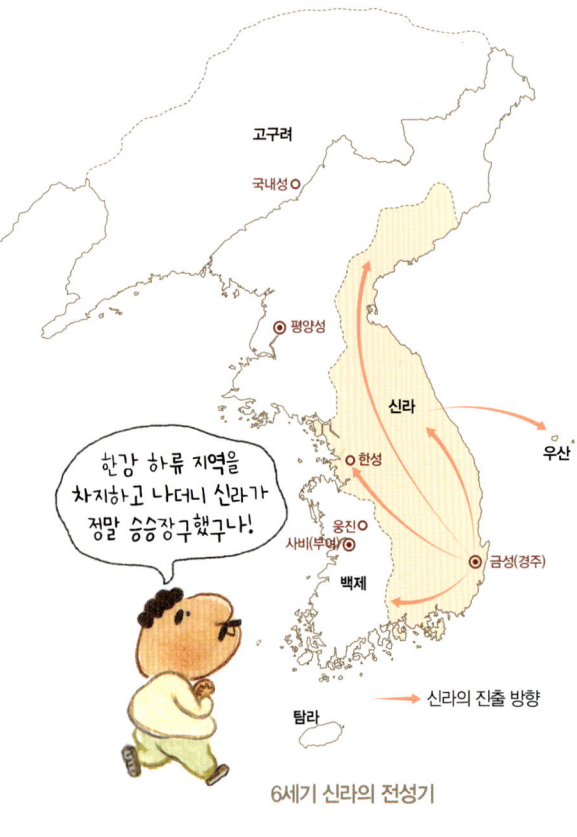

6세기 신라의 전성기

가 안정된 덕분에 영토 확장에 나설 수 있었지. 진흥왕은 나라에 충성할 인재를 기르기 위해 신라의 청소년 수련 단체인 화랑도를 개편했어. 화랑을 우두머리로 삼아 젊은이들이 학문과 재주를 갈고닦는 단체였던 화랑도는 이후 신라의 깃발이 향하는 전쟁터마다 병사들을 이끌고 큰 활약을 펼쳤지.

전쟁 준비가 한창일 때 백제의 성왕이 고구려를 치자고 요청해 왔어. 나·제 동맹군은 한강 유역에서 고구려를 몰아내고, 차지한 땅을 사이좋게 나눠 가졌지. 하지만 진흥왕의 고민은 깊어졌어.

"신라가 더 성장하려면 한강 하류 지역을 차지해야 해. 그러자면 나·제 동맹은 깨질 거야. 그러다 백제와 고구려가 동맹을 맺어 우리를 공격할는지도 몰라. 이를 어찌한다?"

도대체 한강 하류 지역이 어떤 곳이기에 너도나도 노렸던 것일까? 한강 하류는 드넓은 평야가 펼쳐져 있어서 곡식이 많이 생산됐어. 당연히 세금도 많이 걷혔지. 한강 뱃길로는 물건과 병사를 이동시키기 좋았고, 중국과 교류하기도 좋았지. 그동안 신라는 백제와 고구려에 막혀 육지로 중국에 오가는 것이 거의 불가능했던 데다 바닷길로 가기에는 위치상 너무 멀고도 위험했어. 이런 상황이니만큼 한강 하류는 신라에게 꼭 필요한 땅이었지.

"백제와의 의리도 중요하지만, 기회를 놓칠 수는 없다!"

결국 553년 신라는 백제를 공격했지. 이로써 신라는 한강 하류를 비롯해 중국으로 가는 배가 출발하는 당항성도 차지했어. 신라는 소원을 이루었지만 백제는 배신감에 치를 떨어야 했어.

한편 대가야가 신라에 반란을 일으켰다 무너지자, 가야의 남은 나라들이 스스로 신라의 영토로 들어왔어. 가야 연맹의 역사는 그렇게 끝이 나고 말았지.

백제, 고구려, 신라가 세워지고 600여 년이 흐르는 동안 한반도는 내내 전쟁의 소용돌이 속에 있었어. 사이좋게 지내거나 한 나라로 합쳐지는 날은 오지 않는 걸까? 조금만 기다리렴. 곧 세 나라의 통일 이야기가 나올 테니까 말이야.

수많은 나라가 싸우느라 바쁜 중국 땅

3~6세기 중국 땅은 여전히 혼란 속에 놓여 있었어. 진나라가 위·촉·오 삼국을 통일하고 나라를 세웠지만, 오래지 않아 난이 일어났어. 진나라의 왕이 강남 지방으로 피난하여 동진을 새로 세웠지. 그러자 북쪽에 살던 유목민들이 하나둘 자기들만의 나라를 세웠어. 다섯 북방 민족이 16개의 나라를 세웠지. 이들 나라는 서로 뒤섞여 싸우며 혼란을 빚었어. 5세기 초 북위가 중국의 북부 지방을 통일했지만, 6세기 초 동위와 서위로 갈라지고 말아.

남쪽도 마찬가지였어. 혼란을 거듭하다 동진이 망하고 송나라를 비롯해 여러 나라가 일어났어. 이렇게 복잡한 시절을 보내느라 중국은 한반도에 눈길을 줄 여유가 없었어. 덕분에 백제나 신라는 중국과의 전쟁 걱정 없이 이 시기를 보낼 수 있었지. 물론 고구려는 전연과 후연, 북위와 끊임없이 전쟁을 겪었지만 말이야.

만화로 보는 유적 이야기

광개토 대왕릉비를 찾아서

약 70만 년 전
한반도에 인류가 살기 시작하다

기원전 8000년경
농사를 짓기 시작하다

기원전 2333년
단군왕검, 고조선 건국

기원전 2000년경
청동기 문화가 시작되다

기원전 400년경
철기 문화가 퍼지다

기원전 57년~기원후 42년
신라, 고구려, 백제, 금관가야의 건국

391년
광개토 대왕 즉위

삼국 시대 사람들은 어떻게 살았을까?

❽

삼국 시대까지 오는 동안 숱한 전쟁을 치르느라 힘든 상황 속에서도 사람들은 열심히 살았어. 부처님께 나라의 평안도 빌고 자신들도 잘 살게 해 달라고 빌었지. 그런데 삼국 시대 사람들은 어떻게 살았을까? 어떤 음식을 먹고 어떤 옷을 입었을지 궁금하지 않니? 이제 잠깐 숨 돌리며 삼국 시대 사람들의 생활 모습을 살펴보자꾸나!

528년
신라의 불교 수용

676년
신라의 삼국 통일

삼국 사람들의 종교가 된 불교

백제의 침류왕, 고구려의 소수림왕, 신라의 법흥왕은 왕권을 강화할 목적으로 불교를 받아들였어. 불교는 왕실과 귀족을 중심으로 전파되면서 백성의 힘을 한데로 뭉치는 굳건한 신앙이 되었지.

"왕께서 큰 절을 지어 나라의 발전과 평안을 빈다면, 백성들도 저절로 따를 것이옵니다."

"탑을 세워 부처님의 사리를 모신다면, 왕의 권위를 더 높일 수 있사옵니다."

이렇게 해서 세워진 절이 백제 무왕이 지은 미륵사와 신라 진흥왕이 지은 황룡사야. 절에 가면 쉽게 볼 수 있는 탑은 처음에는 목탑이 많았지만, 점차 석탑으로 바뀌어 갔어.

불상은 부처의 모습을 표현한 조각상이야. 삼국은 6세기 무렵부터 불상을 제작했지. 초기

금동 연가 7년명 여래 입상 6세기 고구려 평양에서 만들었어. 신라 땅에서 발견되어 두 나라 사이에 문화 교류가 있었다는 사실을 알려 주지.

충청남도 서산 용현리에 있는 마애 여래 삼존상은 바위에 새겨져 있어. 부드러운 미소 덕분에 '백제의 미소'라고 불린단다.

의 불상은 자비로운 미소를 머금은 모습이 많아. 신라에서는 미륵 신앙이 유행하여 미륵보살 반가상도 많이 만들어졌어. 미륵은 먼 미래에 나타나 중생을 구해 줄 부처라고 해.

삼국 시대의 불교는 옛날부터 내려오는 신앙을 일부 받아들였어. 절 한쪽에 산신을 모신 산신각이나 북두칠성을 모신 칠성각을 지은 것도 그 때문이야. 덕분에 사람들은 다른 나라에서 들어온 불교를 큰 거부감 없이 믿게 되었지.

불교는 삼국의 문화에 많은 영향을 끼쳤어. 건축, 미술은 물론이고 다양한 분야의 색다른 문화가 불교와 함께 삼국으로 흘러들어 왔지. 문화는 다른 지역이나 나라로 전해지면서 그 지역의 특색이 더해져 조금씩 변화한단다. 그래서 비슷한 점도 있고 다른 점도 생기는 거야. 고구려, 백제, 신라, 가야의 불교 문화가 조금씩 다른 것처럼 말이지.

태어나기 전부터 정해진 신분 제도

　삼국 시대 사람들의 신분은 크게 왕족을 비롯한 귀족, 평민, 천민으로 구분되었어. 왕족과 귀족들은 벼슬을 하고 정치에 참여하여 나라를 다스렸지. 평민은 주로 농사를 지으며 세금을 내는 사람들이었어. 성이나 궁궐을 짓는 등 나라에 일꾼이 필요할 때면 불려가 일을 하는 것도 평민이었지.

　평민보다 낮은 신분인 천민은 대부분 노비였는데, 왕실이나 귀족의 집, 관청에서 일을 했어. 노비는 재산으로 취급되어 다른 사람에게 팔거나 넘길 수 있었어. 자식에게 물려줄 수도 있었지. 가끔 귀족이나 평민이 노비가 되는 일도 있었단다.

　"아버지, 강돌이네는 왜 노비가 된 거예요?"

　"신분은 태어날 때부터 이미 정해져 있단다. 내 아들로 태어나서 네가 귀족이 된 것처럼 말이다. 그런데 강돌이 아버지는 귀족에게 진 빚을 갚지 못했지. 그래서 노비로 신분이 바뀐 것이야."

　이처럼 빚을 갚지 못한 사람이나 전쟁에서 포로로 잡힌 사람, 도둑질 등 죄를 지은 사람은 노비가 되기도 했단다.

　삼국 사람들은 타고난 신분에 따라 생활 모습도 달랐어. 옷 색깔만으로도 신분을 짐작할 수 있었지. 그뿐만 아니라 신분에 따라 사는 집과 하는 일도 달랐어.

　신라에는 골품제라는 엄격한 신분 제도가 있었어. 골과 품으로 신분을 구분했는데, '골'에는 진골과 성골로 이루어진 왕족이, '품'에는 6~4두품인 귀족과 3~1두품인 평민이 속했어. 타고난 골품에 따라 올라갈 수 있는 벼슬도 제한되어 있었어. 신분 제도가 있었던 삼국 시대는 자격만 갖추면 선거에 출마

할 수 있고 선거에서 승리하면 대통령도 될 수 있는 지금 시대와는 완전히 다른 세상이었던 거야.

삼국 시대의 귀족들은 편하게 살 수 있었어. 높은 관직에 오를 수 있는 데다 많은 토지와 노비를 가질 수 있었으니까. 전쟁에 참여하여 승리를 거두면 토지와 노비를 더 많이 가질 수 있었지. 농민들을 상대로 돈을 빌려주었다가 갚지 않으면, 토지를 빼앗거나 농민을 노비로 삼을 수도 있었어.

하늘과 땅만큼 차이 나는 귀족과 평민의 의식주

귀족과 평민의 삶은 정말 차이가 많이 났어. 두 신분의 의식주가 어땠는지 살펴보자. 먼저 귀족의 집이야. 기와를 얹은 집은 여러 칸으로 나뉘어 있지. 방 한쪽에는 쪽구들이 있었어. 쪽구들은 방바닥 전체를 데우지 못했기 때문에 침상이나 의자를 사용하는 입식 생활을 했지.

집 안에는 창고와 마구간, 고깃간까지 갖춰져 있었어. 귀족이 타고 다니는 수레를 세워 두는 장소도 따로 있었지. 집 안에 우물이 있어서 물을 길러 멀리까지 갈 필요가 없었단다.

옷은 비단으로 만든 소매가 넓고

신라는 골품에 따라 올라갈 수 있는 벼슬과 옷 색깔, 집과 마구간의 크기, 그릇의 개수가 정해져 있었어. 고구려나 백제도 비슷했을 거라고 해.

고구려 사람들의 신분에 따른 옷차림

귀족들은 비단으로 만든 화려한 옷을 입었지만, 평민들은 삼베로 만든 활동하기 편한 옷을 입었어.

왕의 시녀

왕과 왕비

평민 부부

귀족 부부

귀족의 시녀

길이가 긴 상의와 통이 넓은 바지를 입었어. 여자들은 바지 위에 주름치마를 겹쳐 입었어. 통이 넓은 옷은 일하기에 불편하지만, 귀족들은 그런 데 신경 쓸 필요가 없었어. 힘든 일은 노비들이 다 했으니까 말이야.

귀족의 밥상에는 흰 쌀밥이 담긴 밥그릇이 올라갔어. 무를 소금에 절여 만든 하얀 김치도 있었지. 아직 고추가 들어오지 않았기 때문에 우리가 먹는 김치처럼 빨갛지는 않아. 간장, 된장, 젓갈도 상 위에 올랐지. 삼국 시대 사람들은 발효 식품을 만들 줄 알았거든. 예전부터 먹던 나물 반찬이나 생선도 당연히 놓여 있지. 그런데 밥상 옆을 보니 벌건 숯이 타는 화로가 놓여 있네.

"어머니, 오늘은 돼지고기 없어요? 그럼 밥 안 먹을래요!"

"곧 가져올 게다. 돼지고기는 며칠 전에 먹었으니 오늘은 사슴고기를 먹자꾸나."

아하, 화로는 고기를 구워 먹으려고 준비한 거였구나! 삼국 시대 사람들은 돼지고기, 사슴고기, 꿩고기 등을 먹었어. 쇠고기는 아직 먹지 않았지. 소는 농사를 짓는 데 이용했거든.

그럼 평민들이 사는 모습은 어땠는지 살펴볼까? 귀족의 집과는 재료부터가 아주 많이 달랐단다. 평민들은 짚단이나 갈댓잎으로 지붕을 덮은 초가집에서 살았어. 옷은 삼베로 지은 누르스름한 옷을 입었지. 물감이 비싸서 옷감을 염색할 수가 없었어. 아마 태권도 선수들이 입는 도복과 비슷한 느낌이라고 상상하면 될 거야. 평민들은 먹는 음식도 초라했어. 보리나 콩, 조로 지은 잡곡밥에 장이나 소금으로 간을 한 국과 무김치를 먹었지.

"어머니, 고기 먹고 싶어요. 언제 먹었는지 이제 기억도 안 나요."

"녀석아, 잡곡도 며칠이면 바닥날 지경인데 고기가 웬 말이냐! 아이고, 하루하루 먹고사는 게 왜 이리 힘든 건지!"

평민은 대부분 농민이었어. 자기 땅에서 농사를 짓거나 부자나 귀족의 땅을 빌려 농사를 지었지. 가을에 곡식을 거두면 나라에 세금도 내고 땅을 빌려 준 사람에게도 일부 주어야 했어. 갖가지 부역에 동원되고, 전쟁터에 나가 적과 직접 싸우고 국경을 지키는 것도 평민이 해야만 하는 일이었지.

이렇게 맡은 책임이 많은 평민은 살기가 고달팠어. 무엇보다 내야 할 세금이 너무 많았거든. 그래서 가뭄이나 홍수 등으로 농사를 망쳐 빌린 돈을 갚지 못하거나 세금을 낼 수 없을 때에는 집을 떠나 정처 없이 떠돌거나 도둑이 되기도 했어. 그러지 않으면 노비가 되어야 했으니까.

부여에 있는 백제 문화 단지의 움집들이야. 평민이 살았던 집들을 옹기종기 재현해 놓았어.

삼국의 고분 속 벽화와 유물

삼국 시대 사람들이 어떻게 살았을지 보여 주는 그림이 있어. 바로 고분 속에 남아 있는 벽화지. 고분은 고대에 만들어진 무덤이야. 고분에서 발굴된 유물이나 벽화 등을 통해 우리는 당시 사람들의 생활 방식이나 종교, 문화 등을 알 수 있어. 벽화에는 중국 신화에 등장하는 신이나 상상 속 동물, 아라비아 사람들도 그려져 있어서 삼국 시대 사람들이 중국이나 아라비아와도 교류했다는 사실을 짐작하게 하지.

삼국 시대 때 만들어진 고분을 살펴보면, 나라별로 조금씩 다른 특징을 찾아볼 수 있어.

초기에 고구려는 돌을 쌓아 올려서 무덤을 만들었어. 그러다 후기에는 무덤 안에 돌로 방을 만들고 통로로 연결했지. 이러한 무덤 속 방에는 벽화가 그려져 있는데, 초기 고분 벽화에는 무덤 주인의

고구려의 안악 3호 고분에 그려진 벽화야. 이 무덤의 주인 모습이란다.

생활을 표현한 그림을 주로 그렸지. 당시 사람들은 사람이 죽으면 다음 세상에서도 살아 있을 때처럼 살 것이라고 생각했거든. 그래서 저세상에서도 편히 지내라는 뜻에서 죽기 전에 살던 모습을 그대로 그려 두었지.

그러다 삼국에 도교가 들어온 뒤부터 고분 속 벽화가 좀 달라졌어. 도교에서는 자연을 우러러 받들고, 그 자연 속에서 신선처럼 영원히 살기 위해 몸과 마음을 갈고닦을 것을 주장했지. 도교는 당시 귀족 사회를 비롯해 많은 사람

경주 천마총 장니 천마도 말안장에 늘어뜨리는 장니에 그려진 그림이야.

산수무늬 벽돌 위에서부터 아래로 구름이 떠 있는 하늘과 산봉우리, 시냇물이 나타나 있어.

들이 따르는 종교였어. 당연히 고분 벽화에도 그 영향이 고스란히 드러났지.

 백제의 초기 고분은 돌을 계단처럼 쌓아 만든 형태야. 그러다 중국의 영향을 받아 벽돌무덤을 만들었어. 벽돌무덤 속에는 도교의 영향을 받은 벽화들이 남아 있단다. 그중 시냇물이 흐르고 아름다운 산봉우리가 겹겹이 그려진 산수무늬 벽돌이 대표적이야. 벽돌에 자연을 우러르는 도교 신앙이 드러난 것 같지 않니?

 도교와 불교가 혼합된 모습을 보여 주는 유물도 많단다. 대표적인 유물이 백제 금동 대향로야. 불교가 처음 들어올 때 그랬듯이 도교도 다른 종교와 한데 어울린 모습으로 사람들의 믿음을 얻었어.

 신라는 초기에는 돌을 쌓아 올린 뒤 흙을 덮어 고분을 만들었어. 그러다 나중에는 돌로 방을 만드는 방식으로 바뀌었지. 신라의 고분 벽화로는 영주 순흥에서 발견된 것들이 있어. 이와 함께 고분 벽화는 아니지만 천마총에서 발견된 천마도는 고구려의 고분 벽화에 그려진 무늬와 비슷해서 신라의 그림이 고구려의 영향을 받았다는 것을 알 수 있단다.

고분에서 발굴된 유물을 통해서도 삼국의 문화적 특징을 살펴볼 수 있단다. 백제의 무령왕릉에서는 엄청난 유물이 발굴되었는데, 그중에 중국 양나라의 화폐인 오수전도 들어 있었어. 중국에서 그 돈을 처음 사용하던 시기와 무령왕릉을 만든 시기가 비슷해서 중국에서 사용하는 물건이 바로 백제로 전해졌다는 사실을 짐작할 수 있지.

왕과 왕비의 관은 일본에서만 자라는 '금송'으로 만든 거야. 일본에서 이 나무를 들여왔다는 뜻이지. 그리고 보니 백제가 중국이나 일본과 교류가 활발

벽돌무덤인 무령왕릉의 내부를 재현한 모습이야. 관, 베개와 발받침, 악귀를 쫓는 석수 등이 발견되었어.

삼국의 금동관 장식

고구려 금동관

백제 무령왕 금제 왕관 장식

신라 황남대총 북분 금관

백제 무령왕비 금제 왕관 장식

했던 것이 확인되는구나. 무령왕릉에서 나온 왕과 왕비의 관장식은 모양이 무척 섬세해서 백제의 금속 공예 수준이 높았다는 것을 보여 준단다.

신라 고분에서는 금관이 발견되었어. 사슴뿔 모양으로 틀을 만들고 나뭇가지 모양의 장식을 더했지. 여기에 둥근 금판과 반달 모양의 옥돌을 달아 화려함을 자랑한단다. 신라 고분에서는 금으로 만든 장신구가 유난히 많이 나와서 신라를 '황금의 나라'라고 부르기도 해.

고구려의 고분에서 발견된 금동관이나 관장식에서는 고구려 사람들의 섬세함을 느낄 수 있어. 고구려의 역사를 보면, 전쟁 이야기가 많아서 문화도 거칠 거라고 상상하기 쉽지만 그렇기만 한 것은 아니었어.

서양과 동양의 만남, 간다라 미술

간다라 미술은 간다라 지역(파키스탄 북부의 페샤와르 지방)을 중심으로 5세기 무렵까지 발달한 미술 양식을 말해. 초기의 불교 미술에서는 부처를 연꽃 등으로 표현했어.
그런데 간다라 미술에서는 부처를 불상으로 표현하기 시작했어. 불상에 표정도 나타나고 복장도 사실적인 느낌이지. 불상이나 불교 미술이 이렇게 변한 것은 마케도니아의 왕 알렉산드로스가 동방을 원정했기 때문이야. 이때부터 신을 조각상으로 만들던 그리스 헬레니즘 문화의 영향을 받았단다. 간다라 지역은 동서양으로 통하는 길목이어서 문명의 교류도 활발할 수밖에 없었어. 간다라 미술은 중앙아시아를 거쳐 중국, 삼국, 일본에까지 영향을 미쳤단다.

그것도 알고 싶다

일본으로 건너간 삼국의 문화

어떤 나라든 다른 나라와 교류하면서 문화적인 영향을 주고받는단다.
삼국도 마찬가지였어. 중국과 교류가 가장 많았지만, 중앙아시아나 아라비아와도 교류했지.
삼국은 다른 나라로부터 받아들인 문화에 각자의 문화를 더해 개성 있게 발전시켜 나갔어.
또 그 문화를 일본에 전해 주었지. 당시 문화는 대체로 사람을 통해 직접 전달되었단다.

일본으로 건너간 삼국의 문화

백제의 왕인은 일본 태자의 스승이 되었고, 천자문과 논어를 비롯해 많은 학문을 전해
주었어. 노리사치계는 일본으로 불교를 전파했지. 그밖에도 5경 박사, 의박사, 역박사,
천문박사, 화가, 공예 기술자 등이 일본으로 건너가 백제의 문화를 전했어. 일본과 교류가
많았던 백제는 신라나 고구려보다 일본 문화에 더 큰 영향을 끼쳤단다.
고구려의 승려 혜자는 쇼토쿠 태자의 스승이 되어 선진 문물을 받아들이는 데 도움을 줬어.
승려 담징은 종이와 먹 제조법을 전하고, 호류 사 금당 벽화를 그렸어.
신라는 배 만드는 기술, 제방 쌓는 기술, 도자기 만드는 기술, 불상, 음악 등을 전해 줬지.
가야는 철을 수출하고 갑옷과 토기를 전해 줬어.

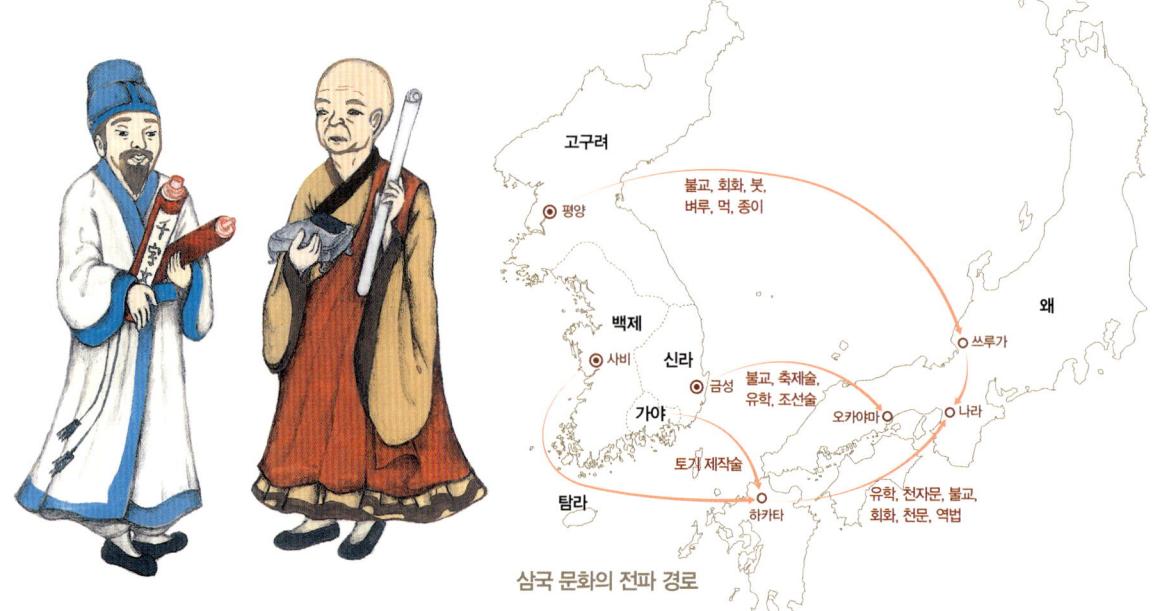

삼국 문화의 전파 경로

같은 듯 다른 문화

교류가 많은 나라의 문화는 서로 영향을 주고받는 만큼 어느 정도 비슷할 수밖에 없어. 그러니 삼국과 일본의 문화에 비슷한 점이 많은 것도 당연한 일이야. 아래의 유물을 살펴보며 삼국의 문화와 일본의 고대 문화가 어떻게 닮았는지 생각해 보렴.

일본의 다카마쓰 고분 벽화

고구려의 수산리 고분 벽화

일본의 고류사 목조 미륵보살 반가 사유상

삼국 시대의 금동 미륵보살 반가 사유상

약 70만 년 전
한반도에 인류가 살기 시작하다

기원전 8000년경
농사를 짓기 시작하다

기원전 2333년
단군왕검, 고조선 건국

기원전 2000년경
청동기 문화가 시작되다

기원전 400년경
철기 문화가 퍼지다

기원전 57년~기원후 42년
신라, 고구려, 백제, 금관가야의 건국

391년
광개토 대왕 즉위

신라가 한반도를 통일하다

9

6세기가 다 가도록 삼국의 힘겨루기는 계속됐어. 그 무렵 중국 땅에는 오랜만에 통일 국가가 들어섰어. 양견이 세운 수나라였지. 수나라는 고구려가 주변 나라들과 달리 시키는 대로 하지 않자, 엄청난 군대를 이끌고 쳐들어왔어. 고구려는 수나라를 물리쳤지만, 뒤이어 당나라가 또 쳐들어오고 말아. 이 전쟁들은 신라가 한반도를 통일하는 데 발판이 되었단다. 자, 그럼 신라가 어떻게 통일을 이루었는지 알아보러 출발!

528년
신라의 불교 수용

676년
신라의 삼국 통일

수나라와 당나라의 공격을 막아 낸 고구려

　6세기가 끝나갈 무렵, 고구려는 넓은 영토를 가진 강한 나라로 우뚝 서 있었어. 하지만 수나라는 고구려를 우습게 봤단다. 그래서 고구려에 신하의 예를 갖추라는 문서를 보냈어. 고구려의 영양왕은 요구를 들어주기는커녕 요서 지방을 공격하여 수나라의 땅을 빼앗았지.

　이에 수 문제는 군사 30만을 보내 고구려를 공격했어. 하지만 홍수와 풍랑으로 수의 군대가 큰 피해를 입어 고구려군은 수나라군을 쉽게 물리쳤지.

　수 문제가 죽은 후 황제가 된 양제는 대대적으로 전쟁을 준비했어. 113만 명이나 되는 대군을 이끌고 직접 고구려를 침략했지. 대대적인 공격에도 요동성을 함락시킬 수 없자, 수나라는 30만 명의 별동대를 보내 평양성을 먼저 공격하게 했어.

　하지만 고구려에는 지혜로운 을지문덕 장군이 있었지. 을지문덕은 수나라 군대는 굶주림에 지쳐 있을 것이라고 예상했어. 을지문덕은 사신으로 가장하고 적진을 방문했어. 예상대로 수나라 군사들은 식량이 바닥나 주먹밥 하나를 여러 명이 나눠 먹을 정도였지. 진영으로 돌아간 을지문덕은 적과의 싸움에서 일부러 몇 번씩 져 주며 수나라 군대를 살수를 건너 평양성 가까이에 오도록 유도했어. 그러는 사이 굶주린 적은 더욱 지쳐 갔지.

고구려와 수·당의 전쟁

이에 을지문덕이 거짓으로 항복하자, 수나라 군대는 이를 명분 삼아 고구려에서 퇴각하기 시작했어. 고구려군은 퇴각하는 수나라 군을 총공격하여 지금의 청천강인 살수에서 몰살시켰어. 이 전투가 그 이름도 유명한 '살수 대첩'이란다.

이렇게 네 차례에 걸친 수나라의 침략은 모두 실패로 끝났어. 수나라는 전쟁에 지친 백성들이 여기저기서 반란을 일으키는 통에 건국한 지 40년도 안 되어 멸망하고 말았지.

수나라 다음에 세워진 당나라는 처음에는 고구려와 잘 지내려고 했어. 그러나 두 번째 황제가 된 태종은 전쟁 준비에 힘을 쏟았지. 그러던 중 연개소문이 권력을 독차지하는 등 고구려에서 귀족들 간에 갈등이 심하다는 소식이 들렸지. 당 태종은 이때다 싶어 공격에 나서 단숨에 여러 성을 점령하고 안시성으로 향했어.

당나라는 새로운 무기를 이용해 안시성을 무너뜨리려고 애썼지만, 번번이 실패했어. 성주와 군사들이 있는 힘을 다해 막아 낸 덕분에 안시성을 지킬 수 있었거든. 안시성의 병사와 백성들은 틈날 때마다 성곽이 무너진 곳은 없는지 살피며 적의 공격에 대비했어. 석 달이 지나도록 싸움이 끝나지 않자, 당나라 군사들은 지치고 말았어. 하지만 안시성 안에는 우물과 식량 창고가 있어서 고구려군은 버틸 수 있었지.

"조금만 힘을 냅시다!"

"맞습니다. 고구려의 운명이 우리에게 달려 있습니다!"

날씨가 점점 더 추워지고 식량도 바닥나자, 당나라 군대는 돌아갈 수밖에 없었어. 수십 년에 걸쳐 끈질기게 쳐들어온 두 나라를 고구려가 모두 물리친 거야. 하지만 큰 전쟁을 치르는 동안 고구려는 삼국 경쟁에는 신경을 쓸 겨를이 없었단다.

외교에서 새 길을 찾은 김춘추

신라와 백제의 방파제 역할을 하며 고구려가 수, 당과 전쟁을 하는 사이 백제가 신라를 공격했어. 642년 의자왕이 신라를 공격해 40개나 되는 성을 빼앗았지. 그리고 대야성을 공격하라는 명을 내렸어. 결국 대야성이 백제에 넘어가고, 성주인 김품석과 부인 고타소가 살해됐다는 소식이 신라의 김춘추에게 전해지지. 김춘추는 하늘이 무너져 내리는 것 같았어. 고타소가 바로 자신의 딸이었거든.

'이제 백제가 금성으로 쳐들어오는 건 시간문제다. 신라를 지키고 내 딸의 원수도 갚을 방법이 없을까?'

고민하던 김춘추가 마침내 고개를 끄덕였어. 그리고 선덕 여왕을 찾아갔지. 얼마 후 고구려의 연개소문 앞에 김춘추가 나타났어. 김춘추는 백제를 물리칠 수 있도록 구원병을 보내 달라고 요청했지.

"신라가 빼앗아 간 죽령 이북의 땅을 돌려주시오. 그러면 청을 들어주겠소."

고구려와의 협상이 깨지고, 김춘추는 발길을 돌릴 수밖에 없었지. 신라로 돌아온 김춘추는 왜나라에도 지원을 요청했어. 그러나 백제와 가까이 지내는 왜가 신라의 부탁을 들어줄 리 없었지. 그사이 고구려와 백제는 힘을 합쳐 한강 하류 지역을 공격했어.

황룡사 9층 목탑을 복원한 모형
9층은 주변의 아홉 나라를 의미하는데, 이들 나라로부터의 침입을 부처님의 힘으로 막는다는 뜻이래.

'이제 시간이 없어……. 남은 것은 당나라뿐이다!'

648년 김춘추는 당 태종을 만나기 위해 배에 올랐어.

"백제가 고구려와 손잡고 한강 하류를 빼앗아 신라와 당나라의 교역 길까지 막았습니다. 도와주십시오."

당 태종은 내키지 않는 표정으로 신라를 공격하지 말라는 칙서를 백제에 보내겠다고 했지. 그러자 김춘추가 이런 제안을 했어.

"고구려를 그냥 두시렵니까? 당나라가 고구려를 공격한다면, 신라가 병사들의 식량을 대겠습니다."

고구려만 생각하면 주먹이 불끈 쥐어지는 당 태종은 귀가 솔깃해졌지. 당 태종은 조건을 내걸었어. 대동강 이북의 땅을 달라는 것이었지. 두 나라의 마음이 하나로 합쳐지자, 드디어 나·당 연합군이 만들어졌어. 김춘추는 신라가 삼국 통일을 이룬다는 목표를 세우고 첫 발을 내디딘 거야.

백제와 고구려의 멸망

신라는 백제를 먼저 공격했어. 한때 신라를 위기에 몰아넣었던 의자왕은 이제 나랏일은 뒷전이고 방탕한 생활에 빠져 있었지. 나라를 걱정하며 바른말을 하는 신하는 감옥에 가둬 버렸어.

신라군은 지금의 대전과 옥천 사이에 있는 고개인 탄현을 넘어 사비성으로 나아갔지. 소식을 들은 의자왕은 서둘러 일본에 지원군을 요청하고 계백을 대장군으로 임명하여 신라군을 막으라는 명령을 내렸어. 당시 계백은 백제에서 두 번째로 높은 달솔이라는 벼슬에 오른 장군이었지.

계백은 군사 5천 명을 이끌고 황산벌에 진을 쳤어. 신라의 군사는 5만이나 됐지만, 목숨을 내놓고 싸우는 백제군을 뚫고 나갈 수가 없었어. 연이어 패하자 신라 군사들의 사기가 떨어졌어. 신라군을 지휘하던 김유신이 군사들의 사기를 높이고자 조카인 화랑 반굴을 전쟁터로 내보냈어. 반굴에 이어 어린 화랑 관창까지 백제군에 죽음을 맞자, 신라군은 복수심에 들끓었지.

"반굴과 관창의 원수를 갚자! 백제를 멸망시키자!"

이로써 전세는 단숨에 역전되었어. 계백과 백제군은 끝까지 싸우다 장렬히 전사했어. 신라군은 사비성을 향해 거칠 것 없이 내달았지. 당나라의 10만 군사도 지금의 금강인 백강 하류로 들어와 백제군을 공격했지. 백제는 두 나라의 총공격에 더 이상 버틸 수가 없었어.

660년 7월 12일, 마침내 사비성이 무너졌어. 의자왕은 웅진성으로 도망쳤다가 잡혔지. 당나라는 웅진과 사비에 도독부를 설치하고 각각 군사 1만 명을

백제의 황산벌 전투 기록화

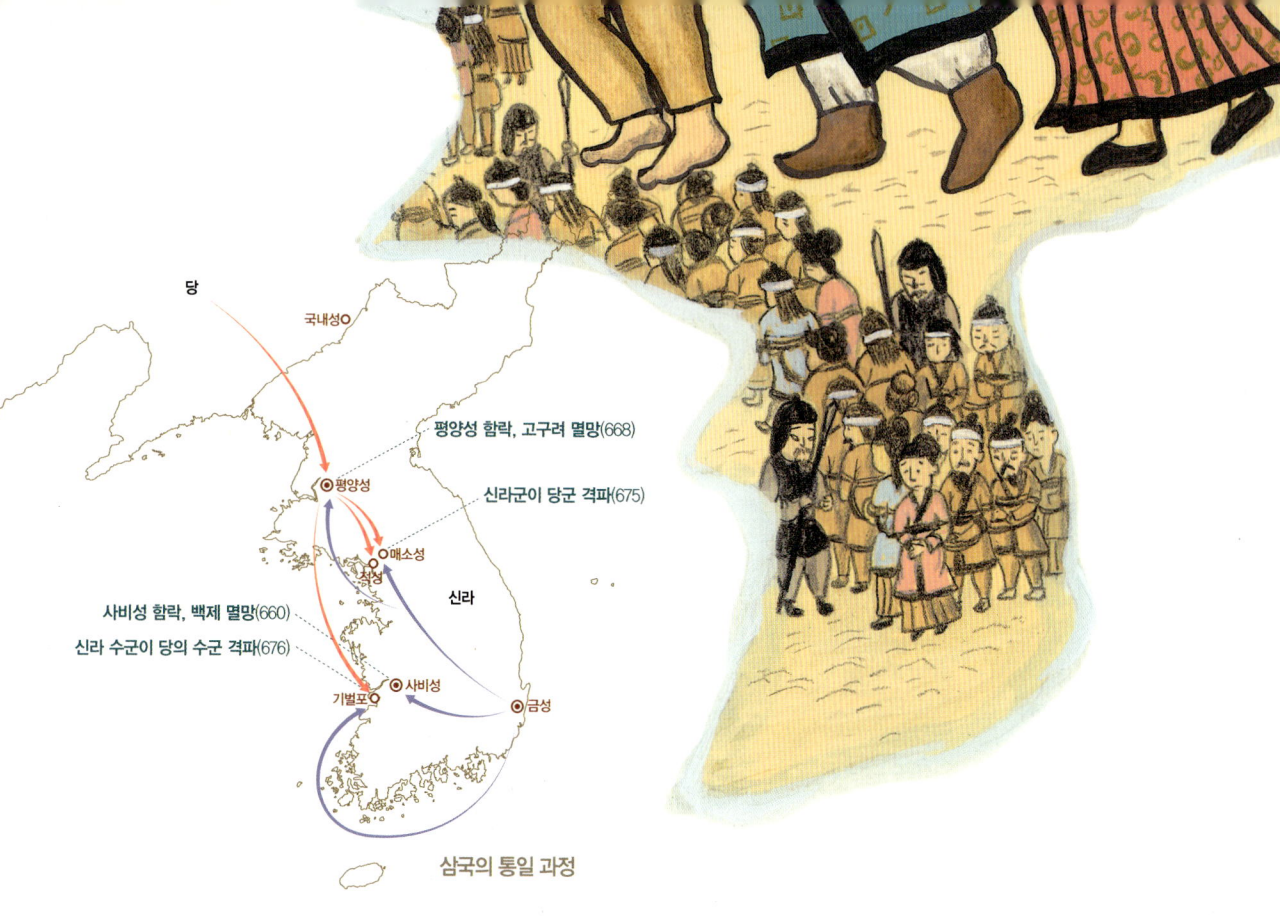

삼국의 통일 과정

남겨 지키게 했어. 백제를 자기네 땅으로 만들려고 한 거야. 그리고 의자왕과 백제 백성 1만 명을 포로로 끌고 당나라로 돌아갔어.

왕이 항복했지만 백제가 하루아침에 사라진 것은 아니었어. 왕족 복신과 승려 도침, 장군 흑치상지 등이 병사와 백성들을 이끌고 부흥군을 만들었어. 이름 그대로 백제를 다시 살리자는 군대였지. 부흥군이 나서 나·당 연합군에 저항했어. 왜나라에 가 있던 부여 풍 왕자가 지원군과 함께 돌아와 부흥군에 합류했지.

그런데 부흥군 지도부 안에서 내분이 일어나면서 백제 부흥의 불길이 스러져 갔어. 삼 년을 버티던 부흥군은 백강 전투에서 나·당 연합군에게 전멸당했단다. 백제의 약 700년에 걸친 역사는 그렇게 막을 내렸지.

백제를 멸망시킨 당나라는 고구려로 화살을 돌렸어. 소정방이 이끄는 당나라군이 평양성을 포위하고 공격을 퍼부었지. 하지만 연개소문이 지휘하는 고구려군에 패해 당나라군은 돌아갔단다. 당나라와 신라의 공격에 나라가 어수선한 상황에서 연개소문이 죽었어. 연개소문은 이런 유언을 남겼지.

"벼슬을 놓고 다투지 마라. 아들들아, 물과 물고기처럼 의 좋게 지내라!"

하지만 연개소문의 유언은 지켜지지 않았어. 자식들 간에 권력 다툼이 벌어지고, 연개소문의 큰아들 연남생은 당나라로 도망가서 자기 자리를 찾아 달라고 요청하기까지 했으니 말이야.

그러자 당나라는 고구려를 무너뜨릴 기회가 왔다며 다시 공격을 시작했어. 이때 당나라 군대를 이끈 사람이 연남생이었단다. 고구려 사정을 잘 아는 길잡이가 있는 데다 신라가 힘을 보탠다니 당나라는 걱정할 게 없었지.

고구려군은 한 달을 버티며 평양성을 지켰지만, 결국 항복하고 말았어. 고구려의 마지막 임금인 보장왕도 의자왕처럼 당나라로 끌려갔지. 당나라는 고구려 땅에 안동도호부를 세웠어. 당나라는 드디어 고구려 땅을 차지하는 데 성공했다 싶었을 거야. 그렇지만 검모잠이 백성들과 힘을 모아 나·당 연합군에 저항하는 등 곳곳에서 당나라군을 공격하며 고구려를 되살리고자 했어. 하지만 결국 고구려도 역사 속으로 사라지고 말았어.

당나라를 몰아내고 통일을 이룬 신라

이렇게 삼국 통일이 완성되는가 싶었지만 아직은 아니었어. 당나라가 한반도 전체를 차지하려는 야욕을 드러냈기 때문이지. 이에 맞서 신라의 문무왕은 백제의 귀족들에게 벼슬을 주고, 고구려에 새로운 왕을 세우는 등 두 나라

동해를 지키는 문무 대왕릉 문무왕은 불교 법식에 따라 화장한 뒤 동해에 묻으면 왜구를 막아 내겠다는 유언을 남겼어.

백성들의 믿음을 얻으려고 노력했어. 그런 다음 그들과 힘을 모아 당나라에 맞섰지.

당나라 20만 군사가 지금의 연천인 매소성에 진을 쳤어. 신라는 당나라군의 기마 부대를 공격해 전쟁 물자를 실어 나르는 보급로를 끊고 말도 3만 필이나 빼앗았어. 이로써 당나라 군사는 더 이상 남쪽으로 내려올 수 없게 되었단다.

다음 해에는 당나라 해군이 백강 하구의 기벌포로 쳐들어왔어. 신라군은 수십 차례 전투를 치르며 끈질기게 당나라군을 몰아냈지. 칠 년이나 계속됐던 당나라와의 전쟁은 676년이 되어서야 끝났어. 이로써 당나라는 한반도 안에 있던 군대를 모두 철수시켰어. 이제야 대동강에서 원산만까지를 경계로 그 이

남의 땅이 신라의 영토가 된 거야.

"아버님, 드디어 신라가 삼국 통일을 이루었사옵니다."

문무왕은 삼국 통일을 위해 애쓰다 세상을 뜬 태종 무열왕을 생각하며 기쁨의 눈물을 흘렸어. 그런데 신라의 삼국 통일에 대해서 아쉬워하는 사람들도 있단다. 다른 나라의 힘을 빌려 이룬 것, 고구려 영토의 많은 부분을 당나라에 넘긴 것 등을 이유로 말이야.

하지만 덕분에 세 나라 사이에 벌어지던 전쟁이 끝난 것은 분명해. 이로써 백성들이 전쟁터에 끌려가 목숨을 잃거나 성 쌓는 일에 동원될 일도 줄어들었어. 세 나라 사람들이 하나가 되어 당을 몰아낸 것도 자주적 통일이라는 점에서 의의가 있고 말이야. 이렇게 신라는 새로운 문화를 발전시킬 수 있는 발판을 만들어 갔단다. 오랜 세월 동안 전쟁을 거듭하던 세 나라가 한 나라 한 민족이라는 마음으로 합쳐졌으니 앞으로 어떤 모습으로 살아가게 될까?

수나라의 100만 대군

612년 수 양제가 113만 대군을 이끌고 고구려를 공격했다고 했는데, 그 군사가 과연 얼마나 되는지 생각해 볼까? 수나라는 요하에 군사를 모으는 데만 두 달이 걸렸어. 고구려를 공격하기 위해 출발시키는 데만 한 달이 넘게 걸렸지. 같은 날 출발하는 수만 명의 군사가 늘어선 줄이 16킬로미터나 되었고, 수나라 군사들이 든 깃발이 377킬로미터에 걸쳐서 펄럭거렸대. 그 정도면 서울에서 부산까지 직선으로 가는 거리 정도란다. 당시 고구려 인구는 수나라의 10분의 1 정도였어. 병사의 수도 그쯤 됐겠지. 우리 군사보다 열 배가 넘는 적군과 싸워 이겼다니 고구려는 정말 대단한 나라지?

인물 사전

삼국 시대의 마지막을 장식한 인물들

이제 삼국 시대는 막을 내렸어. 신라가 파란만장했던 시간을 보내며 통일을 이룰 때까지 세 나라에서 여러 인물이 활약했지. 물론 수많은 백성을 포함해서 말이야. 어려운 시대를 장식했던 인물들에 대해 알아보며 그들의 삶을 기억해 두자.

살수 대첩의 영웅 을지문덕

을지문덕은 살수 대첩을 포함하여 수나라와의 전쟁 외에는 알려진 사실이 거의 없어. 전쟁 당시 수나라군을 돌아가게 하려고 지어 보낸 시가 유명하단다. "신통한 계책은 천문을 헤아리며 묘한 꾀는 지리를 꿰뚫는구나. 싸움마다 이겨 공이 이미 높았으니 만족하고 그만두는 것이 어떠하리."라는 내용이야.

백제의 마지막 왕, 의자왕

의자왕은 백제의 마지막 왕이야. 어릴 때는 효자에다 형제들과 사이가 좋아 해동증자라고 불렸어. 왕이 되어서는 신라를 공격해 영토를 확장하고 나라를 잘 다스렸지. 하지만 나·당 연합군의 공격을 물리치지 못하고 결국 항복하고 말았어.

백제의 마지막 영웅, 계백

계백은 황산벌에서 신라 김유신의 군대와 맞서 싸우다 전사했어. 계백 장군은 황산벌 전투에 나서며 직접 가족들을 죽였지. 살아서 적의 노비가 되는 것보다 죽는 편이 낫다고 생각했기 때문이야. 이번 전쟁이 매우 불리하다는 것을 잘 알면서도 계백은 죽음을 각오하고 용감하게 전쟁터로 나섰어.

뛰어난 지략가, 김춘추

김춘추 즉 태종 무열왕은 진평왕의 딸인 천명 부인의 아들로 태어났어. 신라가 위기에 처했을때 외교를 담당하여 당나라와 손잡는 데 성공했지. 654년 진덕 여왕의 뒤를 이어 진골 출신 가운데 첫 번째 왕이 되었어.

고구려가 세상의 중심이라고 믿은 연개소문

연개소문은 당나라와의 전쟁에서 고구려를 지켜 내려 애쓴 장군이었어. 자신을 몰아내려던 영류왕을 죽이고 보장왕을 왕위에 올려 최고 권력자인 대막리지가 되었지. 그 때문인지 잔인하다는 등 성품에 대해서는 부정적인 평가가 많아. 662년 사수 전투에서 당나라의 10만 군대를 전멸시켰어.

당나라 장수 설인귀에 맞선 연개소문의 모습이야. 중국 《신간전상당 설인귀과해정료고사》에 실려 있어.

적진으로 돌진한 관창

관창은 신라의 화랑이야. 황산벌 전투에서 아버지의 명을 받고 싸움터로 나갔지. 백제군에 사로잡혔는데, 계백이 어린 관창의 용기를 칭찬하며 죽이지 않고 돌려보냈어. 하지만 관창은 다시 백제의 진영으로 뛰어들어 죽음을 당했지. 싸움에서 절대 물러나지 않는다는 화랑의 임전무퇴 정신을 지키려 했기 때문이야. 덕분에 신라군은 사기를 회복하여 황산벌 전투에서 승리할 수 있었어.

《동국신속삼강행실도》에 실린 돌진하는 관창의 모습

삼국 통일을 이끈 선덕 여왕

선덕 여왕은 성은 김 씨이고 이름은 덕만이야. 진평왕의 뒤를 이어 첫 번째 여왕이 되었어. 가난한 백성을 보살피는 정책을 많이 추진했지. 불교를 중심으로 나라를 다스리며 분황사와 영묘사를 짓고, 황룡사에는 9층 목탑을 세웠어. 백제와 고구려의 공격에 맞서려고 김춘추를 보내 당나라와 연합했어.

가야의 후예에서 신라의 중심이 된 김유신

김유신은 금관가야 왕족의 후손이야. 신라가 고구려의 낭비성을 공격할 때 공을 세우면서 왕의 눈에 띄었어. 이후 수많은 전투를 승리로 이끌었지. 김춘추를 도와 삼국 통일에서 중심적인 역할을 했어. 덕분에 신라의 중심인물이 될 수 있었지. 신라로 귀화한 가야 왕족으로서는 드문 일이었어.

찾아보기

ㄱ

간석기 13, 29
건국 신화 65, 71
고국천왕 75
고류 사 목조 미륵보살 반가 사유상 115
고분 벽화 109, 110
고인돌 43, 52
고조선 43, 49~55, 57~59, 62, 63, 68, 69
곧선사람 19
골품제 104
과하마 67
관창 123, 129
광개토 대왕 90, 92, 98, 99
구석기 시대 13, 15~18, 20, 21, 24, 29~31
국내성 74, 84, 92
근초고왕 88, 89, 95
금관가야 82, 95, 129
금동 미륵보살 반가 사유상 115
금동관 112, 113

ㄴ

나·당 연합군 122, 124, 125, 128
나·제 동맹 92, 94
남쪽의 원숭이 19

ㄷ

다카마쓰 고분 벽화 115

단군 신화 49~51
단궁 67
담징 114
당 태종 119, 122
도교 109, 110
뗀석기 12, 13, 19~21, 29

ㅁ

무령왕릉 111, 113
무천 71
민며느리 제도 66

ㅂ

반구대 암각화 25, 33
반달 돌칼 36
법흥왕 95, 102
불교 89, 90, 93, 95, 102, 103, 110, 114
비파형 동검 41, 52

ㅅ

사로국 69, 77, 81
살수 대첩 119, 128
삼국 통일 122, 125, 127, 129
《삼국유사》 49, 50
서옥제 67
석탈해 79
선덕 여왕 121, 129

세형동검 41
소도 71
소수림왕 89, 90, 95, 102
손쓰는 사람 19
수산리 고분 벽화 115
슬기 사람 19
슬기슬기 사람 19

ⓞ

암각화 25, 32, 33
연개소문 121, 125, 129
연남생 125
연맹 왕국 61, 63, 70
영고 70
왕인 114
위만 50, 52, 53, 55
을지문덕 118, 119, 128
의자왕 121~125, 128
이차돈 95

ⓩ

장수왕 92, 98
주먹도끼 13, 20
주몽 64, 65, 74, 76

ⓒ

천마도 110

천부인 48, 49
청동 도구 39, 41, 50
청동검 37, 40, 49

ⓔ

태종 무열왕 127, 128

ⓟ

포유류 10

ⓗ

화랑도 96
황룡사 102, 129

사진 자료를 제공한 기관

국립경주박물관 95쪽 이차돈 순교비

국립김해박물관 82쪽 말 머리 가리개

국립중앙박물관 20쪽 주먹도끼, 긁개, 밀개 | 21쪽 찍개, 좀돌날몸돌 | 28쪽 가락바퀴, 빗살무늬 토기 | 29쪽 돌도끼 31쪽 울산 신암리 여인상 | 36쪽 반달 돌칼 | 37쪽 간돌칼, 청동검 | 40쪽 청동칼 거푸집 | 41쪽 비파형 동검, 세형동검 49쪽 청동 거울, 간두령, 환상쌍두령, 쌍두령, 팔주령, 청동검 | 54쪽 쇠도끼, 호미, 쇠가래, 쇠창, 쇠낫, 반달 모양 쇠칼 80쪽 조속필금궤도 | 82쪽 수레바퀴 모양 토기 | 102쪽 금동 연가 7년명 여래 입상 | 110쪽 장니 천마도, 산수무늬 벽돌 112쪽 고구려 금동관, 백제 무령왕 금제 왕관 장식, 백제 무령왕비 금제 왕관 장식, 신라 황남대총 북분 금관 115쪽 금동 미륵보살 반가 사유상

국민대학교 박물관 68쪽 의림지도

문화재청 85쪽 익산토성, 월성해자, 서울 풍납동 토성

서울대학교 규장각 한국학연구원 129쪽 관창 돌진

울산 암각화 박물관 33쪽 울주 대곡리 반구대 암각화

전쟁기념관 123쪽 황산벌 전투 기록화

충북대 박물관 18쪽 홍수아이 유골, 20쪽 슴베찌르개

한양대 박물관 12쪽 구석기 시대의 주먹도끼

 공공누리에 따라 국립중앙박물관과 문화재청의 공공저작물 이용

〈사진 진행〉 북앤포토

사진 자료를 제공한 곳

북앤포토, 연합포토, 유로크레온, 셔터스톡, 토픽이미지, 두티피아, 위키피디아, 티씨엔미디어,
박진호(111쪽 무령왕릉 내부 디지털 복원도)

＊이 책에 실린 모든 자료의 출처를 찾기 위해 최선을 다했습니다.
　허가를 받지 못한 일부 사진에 대해서는 저작권자가 확인되는 대로 게재 허락을 받고 사용료를 지불하겠습니다.